CIERRES
PARA REDES DE MERCADEO

Cómo Hacer que los Prospectos Crucen la Línea Final

KEITH Y TOM "BIG AL" SCHREITER

Cierres para Redes de Mercadeo
© 2019 by Keith & Tom "Big Al" Schreiter

Publicado por Fortune Network Publishing

PO Box 890084
Houston, TX 77289 Estados Unidos
Teléfono: +1 (281) 280-9800

BigAlBooks.com

ISBN-10: 1-948197-30-8

ISBN-13: 978-1-948197-30-4

CONTENIDOS

Viajo por el mundo más de 240 días al año.
Envíame un correo si quisieras que hiciera
un taller "en vivo" en tu área.

→ BigAlSeminars.com ←

POR QUÉ NECESITAS
COMENZAR A HACER
REDES DE
MERCADEO

Cómo Eliminar El Riesgo
Y Tener Una Vida Mejor

KEITH SCHREITER

¡OBSEQUIO GRATIS!

¡Descarga ya tu libro gratuito!

Perfecto para nuevos distribuidores. Perfecto para
distribuidores actuales que quieren aprender más.

→ BigAlBooks.com/freespanish ←

Otros geniales libros de Big Al están disponibles en:

→ BigAlBooks.com/spanish ←

PREFACIO

Sam Pitts tiene multitud de citas y chistes. Una vez nos dijo:

–No nacemos para ganar ni nacemos para perder... nacemos para decidir.–

¡Vaya! Esto pone la decisión donde pertenece: en manos de nuestros prospectos.

¿Nuestro trabajo como profesionales? Ayudar a que nuestros prospectos superen sus miedos al cambio y a la incertidumbre. Entonces, podrán tomar una decisión positiva para salir adelantes en sus vidas.

Sí, depende de nuestros prospectos. Nosotros les ofrecemos respaldo para que tengan confianza en los resultados de sus decisiones.

Si leíste la precuela de este libro, *Pre-Cierres para Redes de Mercadeo*, entonces ya sabes que los prospectos toman decisiones rápidamente, antes de nuestras presentaciones.

Pero, ¿qué ocurre después de nuestras presentaciones? ¿Qué decimos? ¿Cómo concluimos nuestras transacciones? ¿Cómo respondemos cualquier objeción crítica y movemos a nuestros prospectos para que se afilien ahora?

Este libro nos dará las herramientas y técnicas para finalizar nuestras presentaciones con éxito.

–Keith y Tom "Big Al" Schreiter

¿HAY UN CIERRE MÁGICO DE UNA SOLA FRASE?

Mis prospectos dijeron: −Seguro, adelante, explícame cómo funciona.−

Las cosas comenzaron bien. Mientras expliqué los antecedentes de la compañía, noté los ojos vidriosos en la mirada del esposo. Eso no me molestó. Subí el entusiasmo otro poco.

Mientras explicaba la misión de la compañía, la esposa comenzó a aplicarse barniz de uñas. Sentí que la situación se estaba deteriorando. Pero se pondría peor. Y peor.

Diez minutos dentro de mi presentación, miré sus rostros. El esposo comenzó a hacer muecas retorcidas. Lucía como si un gusano parásito estuviese devorando su cerebro dolorosamente. Su esposa no hacía contacto visual. No me preocupé. Sólo 30 minutos más de datos y cifras para adormecer la mente y estaba seguro de que cambiarían su parecer.

Bueno, mi presentación no los convenció. Ahora, mi última esperanza. Sí, ahora era momento para "el cierre."

¿Puedes adivinar qué ocurrió?

¡Dijeron "no"!

¡Pero si use mi mejor cierre! ¿Cómo pudieron rechazarlo? Escuché este cierre en una convención, ¡y el presentador dijo que funcionaba!

Y aquí estaba mi primera lección sobre cierres.

El cierre no ocurre una ocasión al terminar la presentación.

El cierre ocurre antes de la presentación. Luego, la decisión es reconsiderada a la mitad de la presentación. Y también, nuestros prospectos deben de confirmar su decisión al finalizar la presentación. Luego, podemos movernos hacia adelante.

Incluso cuando la mayoría de los prospectos toman sus decisiones temprano, aún así podemos convencerlos de no unirse al hacer una aburrida presentación y usar un cierre antisocial.

Lo acababa de demostrar.

ENTONCES, ¿QUÉ ES LO QUE ESTAMOS DICIENDO HOY PARA CERRAR A NUESTROS PROSPECTOS?

Imagina esta incómoda situación. Estamos sentados con nuestros mejores prospectos, una pareja de esposos, que parecen tener interés en nuestro negocio. Cuando terminamos nuestra presentación... silencio sepulcral. Nadie dice una palabra.

Más silencio. Alguien tiene que romper el hielo y decir algo. Nuestros prospectos están contentos de sentarse y mirar cómo transpiramos.

¿Qué es lo que vamos a decir? No queremos ser rechazados.

Debemos decir algo. Reunimos coraje, y dócilmente decimos:
–¿Quieren unirse?...

¿Por favor?...

¡Mi bebé necesita zapatos!–

Esto es vergonzoso.

Si no aprendemos qué decir al final de nuestras presentaciones, esta escena se repetirá a sí misma una y otra vez durante nuestra carrera.

No queremos decir algo estúpido a nuestros parientes o se burlarán de nosotros en la siguiente reunión familiar. No podemos presionar o nuestros compañeros de trabajo cruzarán al otro lado de la calle cuando nos vean.

Ahora es el momento de aprender exactamente qué decir, palabra por palabra. Debemos hacer que nuestros prospectos tomen la decisión de salir adelante.

¿Algunas sugerencias?

Cerrar es importante. ¿Por qué? Debido a que si no hacemos un cierre, no recibimos un pago. Esa debería ser razón suficiente.

Si no tenemos nada que decir al cerrar, ¿cómo manejaremos las objeciones?

Escuchamos:

- "Quiero pensarlo un poco."
- "Tengo que platicar con mi esposa."
- "No tengo dinero."
- "No conozco a nadie."
- "Estoy muy ocupado."
- "Esto no es lo mío."
- "No soy vendedor."
- "No sé cómo hacerlo."
- "Es demasiado caro."
- "Es una pirámide."
- "¿Tengo que vender cosas?"
- "¿Es uno de **esos** negocios?"
- "Es demasiado bueno para ser verdad."

- "¿Dónde está el truco?"
- "No puedo hablar con mis amigos?"
- "Lo probé una ocasión y no funcionó."

Si no tenemos un gran cierre ahora, entonces, ¿cuándo crearemos uno?

No queremos ser una víctima. Somos proactivos. Es por eso que aprendemos mejores habilidades de cierre.

Los empresarios de redes de mercadeo experimentados saben que un cierre no se trata de una asombrosa frase final. Sin embargo, debemos decir **algo** al final de nuestras presentaciones. Mirar en silencio a nuestros prospectos no es un buen plan.

Hace algunos años, le pedimos a nuestros suscriptores del boletín "Big Al" que nos compartieran sus mejores y peores frases de cierre.

¿Quieres saber lo que otros dicen al final de sus presentaciones? Aquí hay algunas sugerencias de la encuesta de suscriptores que realizamos.

Frases finales sugeridas por nuestros suscriptores:

- ¿Cuál prefieres para tu familia?
- ¿Esta es tu oportunidad para la libertad?
- Si la economía mejora o empeora en el futuro, ¿no estaría bien saber que no importa? Por que ahora estás financieramente "hecho" de por vida.

- Bueno, eso fue todo. La decisión es tuya. El negocio gratuito o el negocio de cincuenta dólares. ¿Cuál te viene mejor?
- He resuelto todas tus preocupaciones, ¿cuándo comenzaremos a trabajar juntos?
- ¿Qué parte sientes que te beneficiará más?
- ¿Suena como una buena opción para ti?
- ¿Cuál plan entra en tu presupuesto?
- ¿Ves una oportunidad para ti?
- ¿Qué te gustaría hacer como tu siguiente paso?
- Mi consejo es que no te unas, pero nunca escuchas mis consejos [sonríe].
- De eso se trata todo. El resto está en tus manos.
- ¿Qué sería más fácil? ¿Trabajar hasta que tengas 65 o más, o seguir un simple sistema para encontrar 250 usuarios de estos productos?
- ¿Listo para comenzar ahora?
- Ahora que respondí todas tus preguntas. Me has dicho cuánto te gusta lo que nuestro equipo y compañía hacen. ¿Estás listo para comenzar el viaje hacia la libertad de la que hablas tan apasionadamente?
- Dijiste que tomarías acción si esto iba de acuerdo a tus criterios, y hemos estado a la altura de tus criterios. ¿Quieres comenzar con el paquete ____ o el paquete____?
- La mayoría de las personas a quienes les muestro esto se impresionan con el modelo de negocio y se unen de inmediato. ¿Qué fue lo que más te impresionó?
- ¿Tendría sentido que si podemos hacer lo que dije que haríamos, tú tomes el siguiente paso?

- Así que, ¿hay alguna razón por la cual no puedas comenzar ahora y recibir tu primer entrenamiento?
- Yo personalmente trabajaré contigo para construir tu negocio por los próximos 10 días. Si no estás felíz con el resultado, yo personalmente llamaré a la oficina y te conseguiré un reembolso.
- ¿Esto suena como algo que te interesaría hacer?
- La mayoría de las personas disfruta de la presentación y responde favorablemente, pero estoy realmente interesado en lo que piensas.
- ¿Cómo puedo ayudarte a tomar una buena decisión?
- ¡Esto es un muy buen trato! ¿No es así?

Quizá veamos estas frases de cierre y pensemos, "Hmmm, algunas son buenas. Otras tienen posibilidades. Algunas otras nunca funcionarían con mis amigos. ¡Otras son repugnantes!"

Eso es normal. No existe un cierre especial que funcionará cada ocasión, con toda persona, en cada situación. Todos tenemos preferencias.

Pero, ¡podemos mejorar! Podemos y deberíamos crear nuevos y mejores cierres.

También le pedimos a nuestros suscriptores que nos enviaran algunos cierres que odian. Sí, nos enviaron cierres anticuados de ventas con alta presión, groseros, y antisociales que son asquerosos.

¿Quieres ver lo que nuestros suscriptores nos enviaron y reír un rato? Algunos son realmente muy, muy malos. :)

LAS PEORES FRASES DE CIERRE DE NUESTROS SUSCRIPTORES.

Advertencia: Algunos de estos cierres son muy rudos y sólo pertenecen a películas malas sobre vendedores escurridizos.

- ¿Prefieres pagar con efectivo o con tarjeta?
- Entonces, ¿qué hace falta para que entres a este negocio hoy?
- Cualquier niño de tres años puede ver que es una buena oportunidad. ¿Tienes un problema con eso?
- ¿Qué parte de mi presentación te gustó más?
- En una escala del uno al diez, ¿dónde ves tu entusiasmo?
- ¿No amas a tu familia?
- Los perdedores lo piensan… ¡los ganadores actúan!
- Ahora que te mostré cómo mejorar tu vida, ¿cuándo comenzamos?
- Incluso la esposa más tímida o el marido más "picoteado" puede tomar una decisión de cincuenta dólares sin pedir permiso. ¿Estás dentro o no?
- ¿A qué te refieres? ¿Después de todo el tiempo que hemos pasado juntos, me estás diciendo que no tienes interés en mi oportunidad?
- ¿Sabes cómo será tu vida sin este maravilloso producto?

- Ya hemos hablado de eso, usando palabras diferentes. ¿Podrías ser honesto conmigo?
- ¿Te gustaría ser rico ahora o nunca?
- ¿Por qué no te unes a mi negocio?
- ¿Lo quieres en rojo o en azul?
- Sabes, me encanta coleccionar autógrafos. Sólo firma aquí.
- ¿Qué parte de la oportunidad no te gustó? La parte donde salvamos las vidas de los niños, o la parte donde ganarás mucho dinero?
- Quiero bendecirte con esta oportunidad para que puedas poner comida en tu mesa.
- ¿Qué parte de mi presentación no comprendiste, para que la pueda repetir más despacio?
- Entrar sólo cuesta $2,500.
- ¿Quieres ser el único en tu cuadra conduciendo un coche viejo? Por supuesto que no. Aquí está cómo puedes cambiar eso.
- Puedo ver que se te hace agua la boca por entrar a este negocio.
- Y, ¿estás interesado? ¿No? Muy bien. ¿Qué tal ahora? ¿Qué tal ahora? ¿Ahora? ¿Y ahora? ¡¿AHORA?!
- Hmmm, pensé que tomarías una buena oportunidad cuando la vieras.
- Quieres continuar y hacer esto, ¿no es así?
- ¿Qué nombre quieres que aparezca en tus cheques?
- ¡Serías genial en esto y podrías ganar mucho dinero!
- ¡Serías genial en esto y podrías **hacerme** ganar mucho dinero!
- ¿Quieres entrar hoy o el próximo martes?

¿Estás disgustado con esas malas frases de cierre?

Debemos mejorar no sólo nuestras frases de cierre, sino nuestra estrategia entera en tiempos y cierres. Después de todo, obtener una decisión de "sí" es por lo que nos pagan.

Como profesionales, debemos movernos hacia adelante y aprender una variedad de cierres. No todos los cierres son apropiados en cada situación.

Queremos tener un inventario de frases de cierre que ayuden a nuestros prospectos a superar su miedo y postergación. Nuestros productos, servicios y oportunidad no podrán ayudar a nuestros prospectos a menos que digan "sí" a nuestra oferta.

¡Pero primero vamos a divertirnos un poco!

Antes de que hagamos aburridas explicaciones, veremos algunos cierres breves y rápidos. ¿Listo para algunos cierres básicos que puedes usar de inmediato?

HAZ UNA PREGUNTA FÁCIL.

Cuando cerramos, debemos hacer que la otra persona hable. Si nosotros hacemos toda la conversación, nada ocurrirá.

¿Y cómo hacemos que la otra persona hable? Haciendo una pregunta.

Aquí está el problema al hacer una pregunta. Odiamos el rechazo.

¿La solución? En lugar de hacer una pregunta directa de "sí" o "no," podemos hacer una pregunta más sutil para obtener un compromiso. Luego, si nuestros prospectos dicen "no" a nuestra pregunta, todavía tenemos una oportunidad de continuar la conversación.

Necesitaba preguntas como estas cuando comencé mi carrera en redes de mercadeo. Cuando comencé en redes, tenía pavor de hacer un cierre. Bueno, era todavía peor que eso. No sabía cómo cerrar. No tenía ni idea de qué decir.

No era mi culpa que no supiera cómo cerrar. Nadie me enseñó cómo hacer un cierre en la escuela. Pero esto fue lo que sucedió cuando ingresé a redes de mercadeo. La compañía supuso que yo ya contaba con las habilidades necesarias para hablar con personas correctamente. Mala suposición. :)

Cuando comenzamos nuestro negocio, nuestros niveles de confianza pueden no ser muy altos. Además, hablaremos con nuestros amigos más cercanos, así que queremos ser educados. Pero, aún debemos de cerrar y obtener esa decisión de "sí."

Aquí hay un cierre educado, libre de rechazo, para comenzar. ¿Es el mejor cierre? Por supuesto que no. Pero por lo menos es un cierre que podemos usar cómodamente, sin arriesgarlo todo. Aquí está lo que podríamos decir:

"Luce como que te agradó lo que te mostré... ¿te gustaría saber cómo iniciar?"

Ahí está. No estuvo tan mal, ¿no es así?

Nadie se debería de molestar o sentir ofendido con esa frase de cierre.

Hay dos posibles respuestas a esta pregunta. Veamos las opciones.

Si nuestro prospecto nos da una respuesta positiva, podemos asumir que nuestro prospecto quiere ingresar. Podemos comenzar con el proceso de registro. Muy simple.

Si nuestro prospecto nos da una respuesta negativa, sonaría algo como esto. "Todavía no. Tengo que saber más. ¿Podrías explicar cómo...?"

Esto significa que nuestro prospecto aún tiene asuntos incómodos moviéndose dentro de su cabeza. No hay problema. Podemos asistirlo.

¿Cuál es la peor respuesta de un prospecto?

¿Cuál es el máximo rechazo que podemos obtener de esta pregunta? Aquí lo tienes.

Decimos: –Luce como que te agradó lo que te mostré… ¿te gustaría saber cómo iniciar?–

Nuestro prospecto responde: –No. No quiero continuar con esto. No es para mí. Aprecio tu tiempo, pero no siento que sea algo que quiera continuar.–

Vaya. Eso no estuvo muy mal. Si este es el peor rechazo que obtendremos de esta pregunta, entonces nuestros miedos de cerrar se irán de inmediato.

Suena genial, pero, ¿hay más maneras?

En nuestro libro, *La Presentación de Un Minuto*, discutimos tres frases cortas de cierre. Podemos usarlas para colocar la decisión directamente sobre nuestros prospectos.

Aquí las tienes:

- "Bien, ¿qué piensas?"
- "El resto depende de ti."
- "Y eso es todo."

Estas tres frases requieren la respuesta de nuestros prospectos.

No más presión sobre nosotros. La presión está toda sobre nuestros prospectos para que respondan con su decisión.

Además, estas frases le muestran a nuestros prospectos que tenemos confianza en nuestro ofrecimiento. A los prospectos les encanta eso. Si se van a sumar con nosotros en nuestro viaje, quieren que tengamos confianza de que llegaremos seguros al destino.

¿Más frases?

Esto se está haciendo fácil.

Si sentimos ansiedad sobre cerrar a nuestros prospectos, podríamos también usar esta frase de cierre.

Es educada. Pone la decisión en manos de nuestros prospectos. Es fácil de decir.

Aquí está. Simplemente decimos a nuestros prospectos:

"¿Y qué te gustaría hacer ahora?"

Esta pregunta alivia a nuestros nerviosos prospectos, e instantáneamente desactiva la "alarma contra vendedores."

De nuevo, nuestros prospectos tienen que hablar. Deben tomar una decisión sobre lo que quieren hacer a continuación. Nuestros prospectos sienten que deben de continuar con la conversación.

Si nuestros prospectos quieren unirse, nos pedirán que iniciemos el proceso de registro.

Si hay asuntos todavía en la mente de nuestros prospectos, ahora tenemos una oportunidad de escuchar cuáles son. Los prospectos nos dirán exactamente qué es lo que los detiene. Y eso está bien. Podemos continuar con nuestra conversación para ayudar a nuestros prospectos a superar esos asuntos.

Nuestros prospectos sienten que tenemos su mejor interés en nuestro corazón cuando usamos la frase,

"¿Y qué te gustaría hacer ahora?"

No estamos hablando con ellos como si tuviésemos motivos ocultos, o como si quisiéramos sacarles dinero. En lugar de eso, se sienten respetados y saben que estamos aquí para ayudarlos. Ambos nos sentimos bien.

Cuando preguntamos "¿Y qué te gustaría hacer ahora?" nuestros prospectos nos dicen exactamente lo que quieren. No tenemos que adivinar lo que nuestros prospectos están pensando.

¿Cuáles son algunas respuestas posibles que podemos recibir a esa pregunta?

- "Por favor, vete. Quiero conversarlo con mi esposa en privado."
- "Dame una aplicación. Más vale comenzar ahora."
- "Tráeme un suministro de producto por 30 días para probar. Luego podré tomar mi decisión final."
- "Regístrame en la siguiente clase de entrenamiento. Quiero comenzar ahora."
- "Ayúdame a construir mi lista de prospectos. Quiero un comienzo rápido."
- "Dame más información para leer. Quiero sentirme mejor sobre mi decisión."

"¿Qué te gustaría que hiciera ahora?"

Aquí hay otra versión.

"¿Qué te gustaría hacer ahora?" es una manera de muy bajo perfil para obtener una decisión. Pero, hay otra manera que es aún más sutil.

Podemos decir a nuestros prospectos, "¿Qué te gustaría que hiciera ahora?" Ahora nuestros prospectos se sienten en control de la presentación. Los niveles de estrés bajan. Sin embargo, aún estamos solicitando una decisión de nuestros prospectos. Deben elegir la actividad que quieren que hagamos. Aquí hay algunas de sus posibles respuestas:

- "Muéstrame cómo comenzar."
- "Explícame de nuevo cuándo debo de ordenar."
- "Guarda todo y ve a casa. Tengo que pensar sobre esto en silencio."
- "¿Podemos revisar de nuevo cuánto dinero puedo ganar en mis primeros 60 días?"
- "¿Será posible que hables con mi mejor amigo también?"
- "¿Podrías hacer efectiva mi aplicación para el primero de mes?"
- "¿Vendrías conmigo para mis primeras presentaciones cuando hable con mis amigos?"

La frase, "¿Qué te gustaría que hiciera ahora?" hace que nuestros prospectos se sientan a cargo, pero su respuesta de hecho es su decisión.

¿Listo para más frases?

"¿Qué funciona mejor para ti?"

La presión está sobre nuestros prospectos para continuar la conversación y tomar una decisión. La frase, "¿Qué funciona mejor para ti?" es libre de rechazo para nosotros. Eso es un buen sentimiento. Cuando nos sentimos seguros, es más fácil usar estas frases y técnicas.

¿Qué tipo de respuesta podemos esperar de la frase, "¿Qué funciona mejor para ti?" Aquí está un ejemplo.

"Bueno, me gustaría comenzar el negocio, pero quiero limitar mi inversión inicial. Pienso que mi esposa se sentiría mejor si no estuviésemos arriesgando mucho dinero para comenzar. Por supuesto, después de que veamos un poco de avance, podríamos 'apostarlo todo' y hacer lo que sea necesario para hacer que el negocio funcione para nosotros."

Cuando le damos permiso a nuestros prospectos de decidir, podemos escuchar sus objeciones reales y sus preocupaciones. Ahora tienen permiso de hablar con nosotros honestamente. Si sabemos que nuestros productos y negocio serían la mejor opción para nuestros prospectos, querremos escuchar sus miedos y objeciones. Entonces podemos ayudarlos a tomar una decisión de "sí."

Colocar la decisión directamente en manos de nuestros prospectos significa que no habrá presión sobre nosotros. Toda la presión cae en nuestros prospectos. Podemos sentarnos y aceptar las decisiones que hacen nuestros prospectos. Los empresarios de redes de mercadeo no son los únicos que hacen esto.

Neil Taylor, de Inglaterra, solía vender autos. Al regresar de la prueba de manejo, su prospecto preguntaba: –¿Dónde debo estacionar el auto?–

Neil casualmente decía: –Bien, si quieres comprar el auto, estaciona ahí. Si no quieres comprar el auto, estaciona allá."

¡El prospecto de Neil debía tomar una decisión!

"¿Te gustaría hacer negocio con nosotros?"

Cuando decimos esto, nuestros prospectos saben que el siguiente paso depende de ellos. También les permite decirnos por qué no pueden hacer negocio con nosotros. Por ejemplo, podrían responder:

- "Sí, me gustaría hacer negocio contigo, pero nuestras finanzas están muy apretadas ahora."
- "Tengo que platicar con mi esposa primero."
- "No estoy seguro de que puedo hacer este negocio."

Es importante saber por qué nuestros prospectos no pueden continuar hacia adelante. Esta pregunta nos ayudará a obtener esa información.

La psicología de esta pregunta es que la mayoría de las personas querrán decir, "Sí." A las personas les gusta hacer negocios con otras. No les estamos pidiendo que compren, sino sólo preguntamos si les gustaría hacer negocio con nosotros. La pregunta es una manera amable de comenzar el proceso del cierre.

"¿Y qué es lo que harás si no te unes?"

Nuestros prospectos describirán las consecuencias de no unirse. Sí, nuestros prospectos ahora se están cerrando a ellos mismos. Se recuerdan a sí mismos de los castigos de no tomar acción ahora.

Una respuesta típica podría sonar como esto:

"¿Si no me uno? Tendría que pedir un aumento a mi jefe. Eso sería difícil. Pero si no obtengo un aumento, no seré capaz de hacer los pagos mínimos en nuestras tarjetas de crédito. Eso significa que no habrá vacaciones de verano para nuestros niños. Así que, mejor comenzamos con este negocio ahora."

Aquí tienes otra manera de hacer esta pregunta: "¿Piensas que seguir con el plan actual, trabajando en tu empleo, será la respuesta?"

De nuevo, esto hace que nuestros prospectos piensen y hablen sobre sus problemas.

Los prospectos recuerdan lo que dicen, mucho mejor de lo que recuerdan lo que nosotros les decimos. Es por eso que debemos escuchar mientras nos cuentan sus problemas.

Si nuestros prospectos no tienen un problema, entonces no tenemos una solución. Nos convertimos en molestos vendedores presionando con nuestros motivos ocultos. Pero cuando nuestros prospectos saben que tienen un problema, y pueden describir las consecuencias de sus problemática, querrán solucionar su problema de inmediato.

Cerrar prospectos se trata de resolver problemas, no de forzar soluciones.

Aquí hay algunos ejemplos de consecuencias terribles al retrasar una decisión:

- Tener que trabajar más en un empleo aburrido.
- Tener que continuar despertando con una alarma.
- Dejar a los niños en la guardería, en lugar de estar juntos en casa.
- Tener una oportunidad de ingreso limitada con un empleo de sueldo fijo.
- Retrasar la clase de vacaciones que la familia desea.
- Tener la esperanza de que la pensión sea suficiente.

Pensarlo demasiado es muy caro. Asegurémonos de que nuestros prospectos puedan costear el lujo de mantener sus vidas igual.

"¿No tiene sentido...?"

Los prospectos analíticos, de personalidad verde, responden bien a esta pregunta. Algunos ejemplos:

- "¿No tiene sentido tomar el dinero que ya estás gastando y destinarlo hacia una opción más saludable?"
- "¿No tiene sentido que tener un ingreso extra haga que sea más fácil pagar tu préstamo estudiantil?"
- "¿No tiene sentido ahorrar dos horas al día en el tráfico para comenzar un negocio que puedes hacer desde casa?"
- "¿No tiene sentido usar el mejor tratamiento para el cutis ya que nuestro rostro es nuestra mejor primera impresión?"

- "¿No tiene sentido pagar menos por los servicios para que podamos invertir nuestros ahorros en algo más?"
- "¿No tiene sentido comenzar ahora para poder iniciar la cuenta regresiva para despedir a tu jefe?"

Sí, tiene sentido saber exactamente qué decir cuando cerramos. No queremos estar en busca de palabras en este crítico momento.

El cierre "¿De qué otra forma?"

Podemos hacer que sea difícil para nuestros prospectos continuar con sus problemas. ¿Cómo? Al hacer que nuestros prospectos salgan con una mejor solución que la solución que ofrecemos. Simplemente hacemos preguntas como estas:

- "¿De qué otra forma vas a obtener esos $300 extras que necesitas cada mes para estar al día con tus cuentas?"
- "¿De qué otra forma piensas que puedes perder 5kg cada mes?"
- "¿De qué otra forma piensas que puedes evitar que tu piel se arrugue más cada noche?"
- "¿De qué otra forma puedes romper el patrón de trabajar seis días por semana?"

Cuando los prospectos no están seguros.

Las personas odian tomar decisiones. Quieren postergarlas, lo que significa que tomarán la decisión de permanecer donde están.

Señala las futuras consecuencias de no tomar una decisión de salir adelante al decir:

"Sí, entiendo que tienes que hacer una decisión… ya sea de avanzar con este negocio, o no. Considera esto. Dentro de cinco años no querrás voltear atrás y pensar 'Vaya. ¿Qué habría pasado si hubiese tomado esa oportunidad?'"

"Si todo se pudiera hacer mañana y fuese gratis, ¿qué te gustaría que hiciéramos?"

Esta frase pone la decisión de vuelta a donde pertenece… en manos de nuestro prospecto. Estamos empoderando a nuestro prospecto para que nos diga lo que debemos hacer para cerrar la venta.

Esta frase pone un poco de presión sobre nuestro prospecto para el cierre. Ahora depende de nuestro prospecto finalizar la presentación al proveer la información necesaria para seguir adelante. Esto es mucho mejor que una mirada en blanco al espacio, con la esperanza de que alguien esté dispuesto a hablar primero.

"Antes de que tomes una decisión, necesitas saber lo que hace falta para construir el negocio…"

Después de decir la frase anterior, el patrocinador salta a una explicación del programa de entrenamiento y el compromiso personal que se requiere para lograr el éxito. Así que antes de que nuestro prospecto gaste un solo centavo, nuestro prospecto sabe qué tanto compromiso es necesario. La frase también le da al patrocinador una oportunidad más de resumir los beneficios pertinentes de la presentación.

Una definición de cierre.

Un cierre no tiene que significar alta presión o consecuencias de vida o muerte.

Podemos enmarcar la palabra "cierre" dentro de nuestras mentes para que signifique, "Apoyar a que nuestros prospectos superen sus miedos e inseguridades para que puedan salir adelante."

Esto debería hacernos sentir mejor.

PREPARANDO A LAS PERSONAS PARA EL CIERRE.

¿Cómo entramos cómodamente a la parte del cierre de nuestra presentación? No queremos anunciar abruptamente nuestro cierre diciendo, "Y ese fue el último beneficio de nuestro producto. ¿Lo quieres comprar?"

Obviamente eso es una exageración. Pero si no practicamos cómo comenzar nuestro cierre, podríamos sonar nerviosos. Eso ocasionará que nuestro prospecto reaccione con incertidumbre.

Aquí hay algunas palabras que podemos utilizar para introducir nuestro cierre con los prospectos.

- "Ahora, me gustaría mostrarte cómo trabajo con nuevos distribuidores como tú." (Esto también crea una suposición de que nuestro prospecto se unirá.)
- "Déjame mostrarte cómo la mayoría de nuestros clientes nos hacen pedidos."
- "Entonces, si te gustaría asociarte conmigo en este negocio, ¿estaría bien si te muestro el paso siguiente?"
- "¿Te gustaría saber el siguiente paso?"

Suenan naturales, ¿no es así? Queremos tener una conversación, no un interrogatorio de alta presión.

Ahora, continuemos con un cierre universal que usaremos una y otra vez en nuestras carreras.

UN CIERRE QUE PODEMOS UTILIZAR...
DONDE SEA.

Nos encanta este cierre ¿Por qué?

Por que encaja en casi cualquier situación. Sí, inclusive maneja la objeción "Necesito pensarlo más."

Este cierre de siete palabras es fácil de recordar. Es genial para esas situaciones donde nos sentimos nerviosos.

Nuestro cierre especial logra esto:

1. Detiene la cháchara, y le pide una decisión a nuestros prospectos.

2. Obtiene la decisión inmediatamente sin rechazo.

3. Le muestra a nuestros prospectos que queremos servirles y que tenemos su mejor interés en nuestro corazón. Queremos las decisiones que más ayuden a nuestros prospectos.

4. Tranquiliza a nuestros prospectos al darles alternativas claras.

5. Finalmente, saca ventaja del programa mental subconsciente: que decidimos lo que es más fácil, no lo que es más difícil.

¿Todo esto con siete palabras?

Así es. ¿Ya sientes que amas este cierre?

Imagina que terminamos nuestra presentación. Silencio total. Nosotros diremos:

"Entonces, ¿qué sería más fácil para ti?"

Y luego le damos a nuestro prospecto dos opciones. ¡Eso es todo!

Este cierre le dice a nuestro prospecto:

1. Basta de cháchara. Es hora de decidir.

2. Queremos saber qué es lo que nuestro prospecto siente que es mejor para su vida.

3. No estamos presionando con nuestra solución. Le estamos dando opciones a nuestro prospecto.

4. Le estamos pidiendo a nuestro prospecto que tome una decisión. Nuestro prospecto toma su decisión. Listo. No más pensarlo después. No más demoras.

5. Y finalmente, ¿qué es lo que nuestro prospecto quiere? ¿Algo difícil o fácil? Fácil, por supuesto.

"Entonces, ¿qué sería más fácil para ti?"

La primera opción es que nuestros prospectos demoren tomar su decisión de moverse hacia adelante. Permanecer con su situación y problemática actuales.

La segunda opción es nuestra solución.

Simple, ¿no es así?

Para nuestros prospectos, hay dos opciones. Ellos deciden cuál es más fácil para ellos.

Opción #1: Continuar con la vida como es.

Opción #2: Nuestra solución.

Algunos ejemplos.

"Entonces, ¿qué sería más fácil para ti? ¿Continuar trabajando en el empleo que detestas todos los días por el resto de tu vida? O, comenzar con nuestro negocio ahora, para que tal vez el siguiente año puedas decirle adiós a tu jefe?"

"Entonces, ¿qué sería más fácil para ti? ¿Continuar pasándola con un solo cheque? ¿O comenzar esta noche, para que puedas pagar los regalos de navidad en efectivo en lugar de con tarjetas de crédito?"

"Entonces, ¿qué sería más fácil para ti? ¿Continuar dejando a tu familia a las 7am todas las mañanas para conducir a un trabajo que no te apasiona? ¿O comenzar tu propio negocio de medio tiempo esta noche, para que tal vez el año siguiente puedas estar en casa con tus hijos?"

"Entonces, ¿qué sería más fácil para ti? ¿Trabajar duro todos los días por el resto de tu vida para ayudar a que tu jefe se construya una casa más grande para su retiro? ¿O comenzar a trabajar para ti mismo, para que te puedas retirar antes?"

¿Podríamos usar esto para productos y servicios también?

Seguramente. Aquí tienes algunos ejemplos.

"Entonces, ¿qué sería más fácil para ti? ¿Dejar que tu piel envejezca a diario? ¿O detener el proceso de envejecimiento con nuestra mágica crema facial?"

"Entonces, ¿qué sería más fácil para ti? Seguir pagando las tarifas más altas del vecindario por tus servicios? ¿O llenar esta simple aplicación en cuatro minutos, para recibir las tarifas más bajas que mereces?"

"Entonces, ¿qué sería más fácil para ti? ¿Continuar cerrando con llave la puerta cada vez que los nietos quieran venir a visitarte? ¿O tomar nuestro producto energético diez minutos antes de que lleguen, para que los nietos se quejen, 'Abuela, más despacio. ¡Nos dejas atrás!'"

Cerrar parece más fácil ahora, ¿no es así?

Cerrar significa mover a nuestros prospectos hacia adelante para tomar una decisión. Como profesionales, queremos una variedad de cierres que podamos usar. Este simple cierre de siete palabras se puede aplicar casi en cualquier situación que encontramos.

Entonces, ¿qué sería más fácil para ti? ¿Continuar sintiéndote mal cuando sea momento de cerrar? ¿O usar estas siete palabras para hacer cierres más fácilmente?

MANEJANDO EL EMBUDO DE TOMA DE DECISIONES.

¿Por qué limitamos las opciones de nuestros prospectos al cerrar? Hay un viejo dicho que una mente confundida siempre dice "No" a los ofrecimientos.

La complejidad puede funcionar para nosotros. Este es el negocio que amamos. Pero, ¿nuestros prospectos? Ellos detestan la complejidad. Quieren tomar una decisión simple, y luego continuar con sus vidas. Tienen demasiadas decisiones esperando en fila, así que quieren solucionar rápidamente la decisión con nosotros.

Debemos hacer que nuestras opciones sean simples. ¿Qué sucede si nuestras declaraciones de cierre son largas y complicadas? Nuestros prospectos dirán "No" debido a que temen aquello que no comprenden.

¿Pero qué tal si nuestro cierre es muy simple? No te preocupes. Nuestros prospectos nos preguntarán por más información si la necesitan.

Pensemos sobre esta simplicidad desde el punto de vista de nuestros prospectos.

- Al finalizar nuestra presentación, ¿nuestro prospecto comprende los detalles de nuestro plan de compensación?
- Al finalizar nuestra presentación, ¿nuestro prospecto recuerda todo el trasfondo y credibilidad de nuestra compañía?
- Al finalizar nuestra presentación, ¿nuestro prospecto comprende la ciencia detrás de nuestro producto o servicio?
- Al finalizar nuestra presentación, ¿nuestro prospecto sabe, palabra por palabra, exactamente qué decirle a sus amigos?

Por supuesto que no. Todas estas son "preguntas sin resolver" en la mente de nuestros prospectos. ¿Y qué es lo que hacemos? Le pedimos a nuestros prospectos que tomen su decisión final. ¡Auch!

Por supuesto que nuestros prospectos reaccionarán diciendo, "Tengo que pensarlo más." Y cuando nuestros prospectos lo piensan más, aún así no tienen las respuestas para estas preguntas.

En lugar de torturar a nuestros prospectos con este tipo de presentación amateur, deberíamos manejar el "embudo de toma de decisiones." Deberíamos dirigir las decisiones de nuestros prospectos hacia opciones limitadas.

Por ejemplo, en los capítulos previos, limitamos las opciones a:

1. "La vida como es."

o,

2. "Unirse a nuestro negocio."

Deberíamos diseñar nuestras palabras de cierre para que se dirijan hacia opciones limitadas.

Esto es más amable para nuestros prospectos, y tendremos éxito al obtener una decisión.

OFRECE A LOS PROSPECTOS LA OPCIÓN DE CONTINUAR CON SUS PROBLEMAS.

Este es un cierre interesante. Toma un poco más de tiempo, pero nuestros prospectos aprecian la oportunidad de observar la perspectiva completa de sus problemas y nuestra solución. Cuando usamos este cierre, no tendremos que preocuparnos sobre el remordimiento de compra. Este cierre elimina las dudas que los prospectos tienen algunas veces después de tomar su decisión final.

Paso #1: Tranquiliza a nuestros prospectos.

Comenzamos este cierre diciendo: –Vamos a asegurarnos de enfocarnos en el problema real. Si el problema no es tan malo, algunas veces es más fácil vivir con el problema por el resto de nuestras vidas. No hay necesidad de cambiar. No hay necesidad de hacer nada sobre ello–

¿Cómo se sienten nuestros prospectos ahora? Tranquilos. Relajados. Esto le permite a los prospectos liberar cualquier tensión interna de nuestra presentación de ventas. Ahora pueden darle una mirada fría y dura a su problemática.

Nuestros prospectos pueden enfocar sus pensamientos en los problemas que quieren resolver. Sabemos que si los prospectos no creen que tienen un problema, entonces no hay una necesidad de una solución de nuestra parte.

Paso #2: Describe el problema.

A continuación, describimos los problemas de nuestros prospectos con nuestras propias palabras. De esta forma, los problemas no serán vagos. Y, podemos colocar los problemas bajo la peor luz posible si es necesario. ¿El propósito de este paso? Reafirmar a los prospectos que su problema existe.

Por ejemplo, podríamos decir algo como esto.

"Hablamos sobre tu viaje de dos horas hacia la oficina cada mañana, y el viaje de regreso de dos horas todas las tardes. Por día, pierdes cuatro horas en medio del estresante tráfico, lejos de tu familia. Esto continuará por siempre a menos que algo cambie."

Queremos asegurarnos que los problemas de nuestros prospectos están frente a sus mentes. Queremos que piensen sobre resolver sus problemas, no sobre todos los datos de nuestra presentación.

Paso #3: Hora de decidir.

Proseguimos. "¿Cómo te sientes de mantener estos problemas? ¿O piensas que es algo que definitivamente quieres resolver?"

La respuesta será obvia de nuestros prospectos.

¿Qué tal si nuestros prospectos no sienten la motivación para resolver sus problemas? Podemos pasar más tiempo conversando sobre las consecuencias y el dolor que conlleva seguir con su problemática.

En resumen.

¿Educado? Sí. Esto nos permite recordarle a nuestros prospectos de su dolor actual y sus problemas. Podemos revisar el costo de continuar con sus problemas. Ese costo puede ser dinero, tiempo, o calidad de vida.

Esta técnica remueve todas esas pequeñas distracciones que los prospectos tienen. Esto enfoca su atención en la perspectiva completa: "¿Quiero continuar con mi problema, o quiero resolver mi problema ahora?"

Eso es todo. Nuestra estrategia de cierre es enfocar sus pensamientos sobre esta gran pregunta. "¿Quiero continuar con mi problema, o quiero resolver mi problema ahora?"

Cuando los problemas de nuestros prospectos son demasiado grandes, no cuestionarán nuestra solución. Su elección será resolver el gran problema en sus vidas.

HACER QUE SEA DIFÍCIL PARA LOS PROSPECTOS CONTINUAR CON SUS PROBLEMAS.

Si nuestros prospectos no aceptan nuestra solución, entonces, ¿qué es lo que harán? Aún tienen que resolver sus problemas financieros. Así que les pedimos que encuentren una solución alternativa a nuestra oportunidad de negocio. Usualmente las soluciones alternativas son más difíciles que comenzar un negocio de medio tiempo con nosotros.

Aquí está una conversación de muestra.

Prospecto: –No estoy seguro si quiero ingresar a tu negocio.–

Distribuidor: –Como platicamos, tienes problemas serios de flujo de dinero en el momento. Necesitas $500 extra cada mes. Así que si no ingresas a nuestro negocio para ganar $500 extra al mes, ¿entonces qué pretendes hacer en lugar de eso? El problema no se irá. Todavía tienes que conseguir $500 extra al mes. ¿Estás pensando en conseguir un empleo de medio tiempo cada noche después de que llegues a casa del trabajo? ¿Qué tienes en mente?–

Prospecto: –No tengo suficiente energía o tiempo para hacer que un empleo de medio tiempo sea mi solución. Tampoco quiero trabajar en un empleo extra de medio tiempo por el resto de mi vida. Mi estrategia de 'ganar la lotería' no ha funcionado muy bien. Podría pedir dinero prestado a mi suegro, pero eso sólo empeora el problema. Así que... no sé.–

Distribuidor: –Bueno, si tú y no no podemos pensar en ninguna otra solución, este negocio de medio tiempo del que hablamos luce como tu mejor solución. ¿Por qué no comenzar ahora, para que podamos conseguir esos $500 extra al mes para resolver tu problema?–

Los prospectos son humanos.

Cuando los prospectos tienen un problema y no tienen una solución, desearían que su problema desapareciera. Pero los problemas no desaparecen simplemente.

Nuestros prospectos prefieren cambiar el tema, o pensar en algo más. No quieren enfrentar el dolor de sus problemas.

Nuestro trabajo es ayudar a que nuestros prospectos salgan adelante y solucionen sus problemas. Es por eso que debemos capturar la atención de nuestros prospectos. Los prospectos necesitan darse cuenta de que tenemos la mejor solución disponible.

Una idea más sobre esto...

Una simple pregunta de cierre.

Prueba haciendo esta pregunta con prospectos difíciles:

"¿Cuánto tiempo puedes esperar?"

Algunos prospectos dicen que no tienen tiempo para construir un negocio, pero quieren agregar $500 al mes al presupuesto familiar. En ese caso, les preguntaremos cuánto tiempo pueden esperar hasta que comiencen a ganar ese dinero extra.

Nuestros prospectos podrían decir que necesitan más ingreso ahora. O, quizá dirán que sólo pueden esperar seis meses o un año. De cualquier modo, están admitiendo que eventualmente necesitarán más dinero.

Esta pregunta asume que nuestros prospectos se unirán, y que su única decisión es qué tan pronto se unirán.

Hace que nuestros prospectos piensen en las consecuencias de no unirse y nunca obtener ese ingreso adicional.

UNA PALABRA DE ADVERTENCIA.

Habilidades poderosas de cierre hacen fácil resumir nuestros beneficios y hacer que los prospectos tomen acción. Sin embargo, hay dos tipos de decisiones:

1. Una decisión de compromiso, y

2. Una decisión de conveniencia.

Oh-oh. Sí, debemos respetar la situación de cada prospecto. Debemos usar nuestras habilidades para traspasar todos los filtros y alarmas de nuestros prospectos. Ahora, una vez que nuestro mensaje está dentro del cerebro de nuestros prospectos, debemos dejar que decidan qué es lo mejor para ellos.

Si presionamos nuestros motivos ocultos e intereses sobre las necesidades de nuestros prospectos, pueden tomar una "decisión de conveniencia." Eso significa que fue más fácil para ellos decir "sí" que decir "no."

Una decisión de conveniencia es débil. Significa que el primer obstáculo puede destrozar su negocio. Incluso una pequeña cantidad de rechazo y crítica sería demasiado para ellos. Tendríamos que reforzar continuamente su decisión de conveniencia. Eso sería más trabajo del tiempo que disponemos.

Queremos que nuestros prospectos tomen decisiones de compromiso. Podemos lograr esto con nuestras habilidades profesionales de cierre. No requerimos de frases artificiales o demasiada presión en un cierre para obtener este compromiso.

¿Por qué? Debido a que nuestros prospectos deberían haber comprado antes de que terminemos nuestra presentación.

¿Entonces está bien tener prospectos que nos digan "no" durante nuestra presentación?

Por supuesto. Deberíamos tener su mejor interés en nuestro corazón. Si creemos en nuestros productos y oportunidad, deberíamos quererlos para nuestros prospectos.

Si nuestros productos y oportunidad no son un buen complemento para nuestros prospectos, eso está bien. Queremos ayudar a que nuestros prospectos tomen las mejores y más benéficas decisiones que puedan.

Pero, ¿qué hay de esas situaciones inciertas donde podemos beneficiar a nuestros prospectos, pero sus miedos los detienen?

Por ejemplo, durante nuestra presentación preguntamos: –¿Sientes que este producto te ayudaría?–

Nuestro prospecto responde: –No.–

Eso es una buena retroalimentación. Si nuestros prospectos no sienten que el producto tiene suficiente valor, ahora podría ser un momento genial para saberlo. Podríamos entonces discutir los beneficios adicionales que pudieran ser más apropiados para nuestro prospecto.

Los prospectos pueden sentir nuestras intenciones.

No deberíamos temer una retroalimentación negativa, objeciones, o preguntas si nuestros motivos son ayudar a nuestros prospectos. Queremos que nuestros prospectos sientan que tenemos su mejor interés en nuestro corazón. Entonces estarán más abiertos sobre sus sentimientos, temores y dudas.

Nuestra presentación no será un concurso de ganar-perder. En su lugar, nuestra presentación será completar información vital que nuestros prospectos quieren. Esto hace que sea fácil para ellos salir adelante con su decisión entusiasta inicial de "sí."

Recuerda, nuestros prospectos ya han hecho una decisión positiva, de lo contrario no estarían conversando con nosotros.

DOS MOTIVACIONES BÁSICAS.

Como humanos, nuestro cableado interno es simple. Dos motivaciones básicas son:

1. Buscar placer.

2. Evitar dolor.

Esto no es difícil de comprender. Por ejemplo:

- Si una persona es incapaz de perder peso, el placer de comer demasiado es más grande que el dolor de tener sobrepeso.
- Si una persona está procrastinando, hay un placer más grande en mantener el status quo, que salir de su zona de confort y tomar acción.

¿Qué motivación deberíamos de elegir para ayudar a nuestros prospectos a tomar una decisión?

Dolor. El dolor funciona mejor. Sí, haremos mucho más para evitar el dolor de lo que haríamos para buscar una recompensa. Así que si estamos cerrando a nuestros prospectos, ¿sobre qué deberíamos de centrar la conversación?

El dolor.

Los empresarios amateur en redes de mercadeo resumen todos los puntos de placer de su grandiosa presentación. Hablan sobre la tecnología patentada, los testimonios, la hermosa vida nueva en el futuro. Esto es lindo. Pero es una motivación débil para la mayoría de los prospectos.

¿Qué ocurre cuando hablamos sobre dolor? Los prospectos toman decisiones rápidas para evitar el dolor.

Así que, necesitamos hablar sobre los problemas de nuestros prospectos, ayudarles a enfocarse sobre sus problemas, y pedirles que nos digan las consecuencias de no resolver sus problemas.

De esta manera es como los profesionales hacen que los prospectos tomen decisiones.

Frases de cierre.

Para mostrar la diferencia entre enfocarnos en el dolor en lugar que el placer, aquí hay dos frases de cierre. Mira cuál de las dos piensas que será más poderosa.

Placer.

"Sr. y Sra. Prospecto, nunca ha existido un mejor momento para unirse a nuestro negocio. Estamos ganando inercia y estamos a la vanguardia de nuestra industria. Como pioneros en nuestro campo, hemos recibido galardones de muchos de los canales más importantes de noticias. Están de acuerdo con nosotros de que nuestro negocio es el futuro.

Ahora es el mejor momento para unirse debido a que acabamos de instalar nuestro nuevo plan de compensación, versión 4.0. esto nos permite ganar incluso más puntos de bonificación que antes. Con cientos de testimonios, y los 206 años de experiencia de negocio combinada de nuestro equipo directivo, estamos encaminados hacia el éxito.

Sr. y Sra. Prospecto, ¿desean ingresar ahora?"

Dolor.

"Sr. y Sra. Prospecto, como platicamos, la vida no es para siempre. Si continuamos gastando nuestras horas en el tráfico y trabajando lejos de nuestros hijos, ese tiempo nunca regresará. Queremos estar con nuestros hijos durante sus años formativos. Esta es nuestra oportunidad de hacer una diferencia en las vidas de nuestros niños.

Yo sé que trabajar dos empleos se siente como si estuviésemos almacenando a nuestros niños en la guardería. Esta es nuestra oportunidad de crear suficiente ingreso de medio tiempo para renunciar a esos segundos empleos. Entonces, podríamos pasar ese preciado tiempo con nuestros hijos. No se requiere mucho para que nuestro negocio reemplace esos trabajos de medio tiempo. Así que, Sr. Y Sra. Prospecto, ¿desean ingresar ahora?"

¿Qué piensas?

¿Sientes la diferencia?

Cuando hablamos sobre beneficios y placer, parece ir a la parte lógica de nuestras mentes. Cuando hablamos sobre dolor, la respuesta es mucho más emocional.

Las decisiones son actividades emocionales. Los casos de estudio muestran que para hacer que los prospectos decidan moverse hacia adelante, la emoción es un requisito. El dolor crea emoción sin esfuerzos.

Ahora, ¿en qué te enfocarás en tus futuras frases de cierre? En el dolor, por supuesto.

Es más fácil para ambos, nuestros prospectos y nosotros, cuando una decisión se hace rápidamente.

CUANDO EL DOLOR ES DEMASIADO GRANDE, NUESTROS PROSPECTOS SE CIERRAN SOLOS.

Zig Ziglar cuenta la historia de un viejo sabueso. El sabueso aullaba y se quejaba mientras estaba echado sobre un clavo en el porche de una casa. ¿Y por qué el perro no se levantaba de ese clavo? Por que para el perro, era más fácil seguir sobre el clavo y quejarse del dolor, que levantarse y caminar a otro sitio.

Esto también describe a nuestros prospectos. A los prospectos no les gusta el cambio. Tolerarán altos niveles de dolor en lugar de tomar acción para detener el dolor. Solo cuando el dolor es demasiado grande los prospectos toman acción para resolver el dolor. Aquí hay un ejemplo.

Durante el *coffee break*.

Varios compañeros de trabajo se reúnen alrededor de la máquina de café. El primero se queja: –Odio el camino a la oficina. El tráfico siempre es muy pesado.–

Nosotros decimos: –¿Te gustaría ir conmigo a revisar una oportunidad de trabajar desde nuestras casas?–

El primer compañero responde: –¡No! No tengo tiempo de revisar una oportunidad. Cuando llego a casa, sólo tengo energía para ver televisión.–

El segundo compañero se queja: –Este trabajo no paga los suficiente. Necesito más dinero para mi familia. Todo es demasiado caro ahora.–

Nosotros decimos: –¿Estarías interesado en un cheque de medio tiempo?–

El segundo compañero responde: –¡No! Esas cosas nunca me funcionan. No quiero ni intentarlo. No me importa qué sea. Ni siquiera me interesa escucharlo. Ahora, volvamos a las quejas sobre los recientes incrementos en precios.–

El tercer compañero se queja: –Estoy tan aburrido en este trabajo. No tiene significado. Quisiera una carrera que fuese más satisfactoria.–

Nosotros decimos: –¿Te gustaría revisar mi negocio? Ayudamos a muchas personas. Además, podemos tomar cinco *coffee breaks* por día.–

El tercer compañero responde: –¡Claro que no! No sé nada sobre negocios y no quiero ni aprender. Intenté aprender en la secundaria y no fue lo mío. No vuelvo a intentar nunca eso de aprender.

Nuestros compañeros de trabajo son como el viejo perro echado sobre el clavo. Se quejan y se quejan y se quejan. Pero su dolor actual no es lo suficientemente grande para motivarlos a levantarse del clavo. Ellos deciden vivir en niveles bajos de dolor por el resto de sus vidas, y nunca toman la oportunidad de levantarse de ese clavo.

El dentista.

¿Los dentistas son buenos en los cierres? ¿Tienen habilidades de venta geniales? No. Pero los dentistas no tienen que ser vendedores. ¿Por qué? Debido a que saben un secreto.

¿Cuál es el secreto del éxito de ventas de los dentistas? Ellos saben que, "Cuando el dolor es demasiado grande, las personas se cierran a sí mismas."

Los dentistas no necesitan técnicas de venta. Todo lo que necesitan es la habilidad de resolver los problemas de los prospectos. Aquí está un ejemplo.

Imagina que tenemos un dolor de diente. Duele. Es muy molesto. Y ahora está aumentando continuamente. Podemos sentir las palpitaciones dentro de nuestra cabeza. El lado de nuestro rostro se está inflamando. Sólo podemos ver por un ojo. No podemos masticar la comida y tenemos que comer usando una pajilla. El zumbido en nuestros oídos es ensordecedor. El dolor es insoportable. Incluso los analgésicos más fuertes no nos ayudan. Llamamos a nuestro dentista.

Cuando llamamos, nuestro dentista dice: –Lo siento. Estamos llenos por las siguientes tres semanas. Puedo registrar una cita para ti hasta dentro de tres semanas.–

¿Qué es lo que decimos? Decimos, "Oh, suena bien. Esperaré tres semanas para mi cita."

¡No! ¡Por supuesto que no diríamos eso!

Estamos en agonía. Hemos tomado una decisión instantánea de resolver el problema ahora. Le decimos al dentista: –Estoy conduciendo a tu oficina en este momento. Me sentaré en el sofá de la sala de espera y esperaré a que alguien cancele. Tomaré su lugar. Si nadie cancela su cita en la mañana, entonces, durante la comida, mientras estás comiendo tu sandwich, ¡mira dentro de mi boca!–

Bueno, nadie cancela su cita de la mañana. Durante la comida, nuestro dentista está comiendo su sandwich. Mira dentro de nuestra boca y dice: –Oh, vaya. Esto luce mal. Este diente tendrá que salir. Te costará $400 la extracción.–

¿Qué decimos? Decimos, "¿Tomarías $395?" ¡No! ¡Jamás diríamos eso! No regateamos por un menor precio. Decimos: –¡Saca ese diente ahora!–

El dolor del diente es tan fuerte que no necesitamos un guión de venta. No necesitamos mirar rayos x. No necesitamos un folleto sobre dentaduras. No necesitamos un plan financiero. Queremos que ese diente salga ya y que el dolor termine.

Cuando el dolor es demasiado grande, nos cerramos a nosotros mismos.

¿Cuál es la lección aquí?

La lección es que las personas tienen problemas. Las personas mantendrán sus problemas hasta que el dolor sea demasiado grande. Luego tomarán la decisión de resolver sus problemas.

¿Qué es lo que esto significa para nosotros? Esto significa que no deberíamos ofrecer soluciones a nuestros prospectos a menos que quieran resolver sus problemas.

¿No hay soluciones hasta que quieran resolver sus problemas? Sí.

Nuestro trabajo es magnificar su dolor a tal nivel que sea intolerable y quieran resolver sus problemas ahora. Sí, nuestro trabajo es hacer que las vidas de nuestros prospectos luzcan más miserables al enfocarlos en su problemática.

¿Cómo hacemos esto?

En nuestro libro, *Pre-Cierres*, usamos cuatro pequeñas palabras para hacer que los prospectos se enfoquen en sus dolorosos problemas. Te estarás preguntando cuáles son esas cuatro pequeñas palabras.

¿Estás de acuerdo con nunca saber cuáles son esas cuatro palabras?

¿Estás de acuerdo con nunca saber cómo hacer que los prospectos tomen decisiones instantáneas?

¿Estás de acuerdo con nunca conocer estas cuatro palabras mágicas mientras otros empresarios de redes de mercadeo sí?

¿Estás de acuerdo con perder tiempo con prospectos que no están listos para tomar una decisión?

¿Estás de acuerdo con suplicar a las personas para que se muevan mientras insisten en permanecer indecisas?

CIERRES PARA REDES DE MERCADEO

¿Estás de acuerdo con ver estas cuatro palabras una y otra vez hasta que detectes el patrón?

Es obvio, ¿no es así?

Los prospectos sienten el dolor cuando usamos las palabras, "¿Estás de acuerdo con...?"

Si intensificamos su conciencia de ese dolor, los prospectos tomarán una decisión inmediata de salir adelante.

Podemos usar estas cuatro palabras no sólo al principio del encuentro de ventas, sino al final de la presentación. Pero por ahora, enfoquémonos en algunos ejemplos de usar estas palabras al final de nuestras presentaciones.

¿Listo?

- Y así es como funciona nuestro negocio. Así que, déjame preguntarte esto. ¿Te gustaría comenzar esta noche con mi ayuda, o estás de acuerdo con permanecer con tu agenda de trabajo de seis días por semana?
- Y ese es nuestro programa completo. Déjame preguntarte qué es lo que funciona mejor para ti. ¿Estás de acuerdo con seguir tratando de salir adelante con un cheque, o comenzamos tu negocio de medio tiempo ahora, para que tengas ese dinero extra que quieres para Navidad y las vacaciones familiares?
- Bueno, eso es todo. La compañía, los productos y cómo nos pagan. Así que, ¿te gustaría comenzar la cuenta regresiva para despedir a tu jefe ahora? ¿O estás de acuerdo con seguir en la situación actual?

Y sí, podemos hacer algo similar para nuestros productos y servicios también. Te animamos a que tomes algo de tiempo para crear ejemplos para tu negocio.

Con sólo cuatro palabras, podemos hacer que los prospectos se enfoquen en sus problemas y tomen una decisión inmediata de resolverlos.

Una manera de verlo es que nuestro trabajo es "inducir dolor." Entre más grande el dolor, más rápida será la decisión.

Cerrar prospectos es fácil cuando hacen el cierre ellos mismos.

EL CIERRE DE LOS DOS SOBRES.

Creamos dos sobres cerrados para nuestras juntas de oportunidad. Escribimos "NO" sobre uno de los sobres y "SI" sobre el otro sobre.

Al final de la reunión, le mostramos a nuestro invitado los dos sobres. Decimos, "Recibirás uno de los dos sobres dependiendo de tu decisión."

Si nuestro invitado dice "No" a nuestra oportunidad, le daremos el sobre titulado "No" que contiene cupones de descuento para nuestros productos o servicios.

Si nuestro invitado dice "Sí" a nuestra oportunidad, le daremos el sobre titulado "Sí" que contiene descuentos y ofertas para entrenamiento, paquetes extras de inicio rápido, herramientas de prospección, etc.

Nuestro prospecto se enfrenta a tomar una decisión. Nuestro prospecto debe decirnos cuál sobre quiere.

Ahora incluso los distribuidores más tímidos pueden solicitar una decisión de sus invitados. Todo lo que los nuevos distribuidores deben de hacer es decir:

"Espero que hayas disfrutado la explicación de nuestra oportunidad. Tengo dos sobres aquí. Uno de ellos es para ti. Si decides unirte, toma el sobre que dice "Sí." Y si esta oportunidad no es para ti. Simplemente toma el sobre que dice "No."

AQUÍ ESTÁ TU BILLETE DE UN DÓLAR.

Este es un cierre fácil que sólo nos cuesta un dólar. Podemos usar este cierre al final de una junta de oportunidad, o si nos sentamos con un solo prospecto o una pareja.

Le damos a nuestros prospectos el billete de $1 y decimos estas palabras:

***

Dale una buena mirada a este billete de un dólar. Este billete ahora te pertenece. Puedes hacer tres cosas diferentes con este billete de un dólar. Lo que decidas depende de ti.

#1. Puedes gastarlo. Puedes ir a comprar una lata de soda o una barra de chocolate.

#2. Puedes enmarcarlo. Sí, puedes comprar un marco barato, colocar este billete de un dólar dentro del marco, y colgarlo en tu pared. Estará ahí para que lo admires. Y en el lado positivo, estarás adelante de tu futuro financiero por un dólar.

#3. O finalmente, puedes usar este billete de un dólar para el costo de comenzar tu negocio esta noche.

¡Haz lo que pienses que te ayudará más!

Pero por favor, no te arrepientas. Dentro de un año, no quisiera que miraras a tu billete de un dólar enmarcado y dijeras, "Desearía haberme unido a ese negocio. Podría estar ganando $500 extras al mes ahora. En lugar de eso, tengo este lindo billete de un dólar enmarcado aquí."

***

¿Qué sucede después?

Los prospectos deben tomar una decisión. Están sujetando ese billete. Ahora nuestros prospectos deberían decidir qué hacer con ese billete de un dólar.

NO TODO SE HA PERDIDO.

Algunos prospectos rechazarán la oportunidad de unirse con nosotros en nuestro negocio. Eso está bien. Hoy puede no ser el momento correcto para ellos. Sin embargo, se olvidarán de nuestra oportunidad, a menos que se lo recordemos.

Aquí está lo que podemos hacer para mantener fresco a nuestro negocio dentro de la mente de nuestros prospectos.

Imagina que un amigo del trabajo nos rechaza. Él dice:

–Oh, no lo sé. No estoy seguro de que este negocio me funcione. No quiero gastar $200 para comenzar en este negocio."

Ve a una tienda y compra un marco de foto barato. Podría costar unos $3 dólares o menos.

Ahora, pide a tu amigo que escriba un cheque de $200 –y lo cancele. Coloca el cheque de $200 dentro del marco y pídele a tu amigo que coloque ese marco en su casa, en algún lugar donde pueda verlo.

Dile a nuestro amigo:

–Al no unirte a nuestro negocio has ahorrado $200. ahora puedes invertir esos $200 en algo más. Quizá tengas suerte y des con alguna acción de buenos rendimientos o incluso ganes la lotería. Veamos qué tan bien esos $200 trabajan para ti durante los próximos tres meses o seis meses. Volveré a consultar contigo en unos meses.–

Esos $200 podrían haber abierto la puerta a cientos de dólares extras al mes en el nuevo negocio de nuestro prospecto. Sin embargo, nuestro prospecto tomó la decisión de rechazar nuestra oportunidad... por ahora.

Cada vez que nuestro prospecto mire ese marco, pensará en nosotros y en nuestra oportunidad.

Y eso es lo que queremos.

Cuando el momento sea el correcto para nuestro prospecto, queremos que esté pensando en nosotros.

Además, tenemos una excusa para hacer un seguimiento dentro de tres meses o seis meses. Y, ¿cuáles con las probabilidades de que nuestro prospecto gane la lotería o elija una acción de alto rendimiento durante ese tiempo? Muy bajas. Tendremos un prospecto de mente abierta con el cual hacer seguimiento, el cual acaba de perder tres meses de su vida gracias a su indecisión.

Y todo esto por una mínima inversión de $3 dólares.

O podríamos posicionar los $200 de esta manera.

Podríamos decirle a nuestro prospecto, "Puedes decidir no comenzar tu negocio hoy. En lugar de eso, puedes conservar tus $200 en tu cuenta de ahorro. Después de un año deberías tener un dólar o dos extras de interés. Cómo decides invertir ese uno o dos dólares depende de ti."

¿Qué está pensando nuestro prospecto? "Uno o dos dólares de interés anual no compran ni una taza de café. Necesito una solución diferente para mi vida."

Y ahora tenemos otra oportunidad de apoyar a nuestro prospecto a tomar una decisión de unirse.

PALABRAS MÁS SUAVES.

Palabras ásperas, directas, crean tensión. Eso es lo último que queremos cuando estamos apoyando a nuestros prospectos a tomar sus decisiones finales.

Seamos cuidadosos al seleccionar nuestras palabras, podemos guiar a nuestros prospectos a abrirse y decirnos sus preocupaciones reales.

¿No es eso lo que queremos?

Aquí hay algunos ejemplos de tomar nuestra vieja versión de palabras ásperas y directas, y revisarlas para que suenen más amistosas para los prospectos.

Viejas palabras: "¿Qué te está ocasionando dudarlo?"

Nueva versión: "Tengo curiosidad. ¿Qué posibles problemas ves en tu camino?"

Viejas palabras: "¿A qué te refieres con que cuesta mucho dinero?"

Nueva versión: "Sí, pagamos más por una razón. Déjame revisar eso contigo."

Viejas palabras: "¿Exactamente qué es lo que te está deteniendo de tomar una decisión esta noche?"

Nueva versión: "Hay alguna razón por la que sientas que ésta sería una decisión poco sabia?"

Viejas palabras: "¿Por qué necesitas pensarlo más?"

Nueva versión: "Sí, necesitamos pensar sobre estas decisiones. Aquí hay algunos beneficios que deberíamos considerar."

Viejas palabras: "Aquí está por qué eso no debería de molestarte."

Nueva versión: "¿Estaría bien si te cuento sobre otros que han tenido la misma preocupación?"

Viejas palabras: "¿Por qué no quieres vender esto?"

Nueva versión: "Por supuesto que no queremos ser vendedores. En lugar de eso, queremos ser conectores, ayudar a otros a que consigan lo que quieren."

Viejas palabras: "¿Quieres registrarte y ser distribuidor?"

Nueva versión: "¿Estaría bien si comenzamos a hacer negocios juntos?"

Viejas palabras: "Entonces, ¿comenzamos ahora a hacer presentaciones de venta todo el día?"

Nueva versión: "¿Estaría bien si tuvieras un negocio divertido hablando con prospectos mientras tomas cinco *coffee breaks* al día?"

Cambios pequeños en nuestras palabras hacen una gran diferencia. Una de las habilidades más importantes en redes de mercadeo es aprender frases probadas que ayudan a nuestros prospectos a escuchar nuestro mensaje claramente.

Estos son ejemplos de cómo cambiando lo que decimos podemos hacer que nuestros prospectos se sientan más cómodos con sus decisiones.

Recuerda, nuestros prospectos están bajo demasiada presión para asegurarse de que toman las decisiones correctas. No quieren quedar en ridículo o cometer errores.

No queremos abonar a su presión interna y crear más tensión al seleccionar las palabras equivocadas.

EL CIERRE DEL MILLÓN DE DÓLARES.

¿Cuál es el cierre del millón de dólares?

Es una manera simple, libre de rechazo de hacer que nuestros prospectos tomen una decisión.

- Sin sensacionalismo.
- Sin presión.
- Sin trucos ni manipulación de venta.
- Sin giros de neuro Lingüística.
- Sin control mental por hipnosis.

Sólo un simple cierre entre dos personas.

Si detestamos los cierres falsos y la manipulación de ventas, vamos a adorar este acercamiento claro para construir nuestro negocio.

Primero demos un vistazo a cómo los vendedores aprendían a cerrar a los prospectos en el pasado.

Primero, estaba el "Cierre Ben Franklin" para ayudar a los prospectos a ver las cosas desde el punto de vista del vendedor. Aquí está un ejemplo exagerado de esto.

Prospecto: –No puedo decidir.–

Vendedor: –Bueno, cuando el viejo Ben Franklin tenía que tomar una decisión, usualmente comparaba los pros y los contras y tomaba la opción que lucía mejor. ¿Por qué no hacemos esto ahora?–

En este punto el vendedor hacía que su prospecto estuviera de acuerdo. Entonces, el vendedor escribía 8,000 razones por las que su negocio era asombroso y decía:

–Bueno, Sr. Prospecto, esas son 8,000 razones por las que usted debería unirse a mi negocio. ¿Puede pensar en 8,001 razones por las cuales no debería?–

Por supuesto que los prospectos no podían pensar en tantas excusas en tan poco tiempo, así que los prospectos se sentían acorralados y minimizados.

Luego tenemos el cierre "Inmovilizador." Va algo como esto:

Prospecto: –Entonces ¿podría hacer algo de dinero extra haciendo esto?–

Vendedor: –Si pudiera hacer algo de dinero extra y yo le pudiera mostrar cómo, ¿estaría firmando ya mismo?–

Prospecto: –Ughh ¿dónde está el repelente de tiburones?–

A los prospectos les repugna cuando los vendedores usan sus propias palabras contra ellos.

Y luego está el "Cierre Matemático."

El vendedor calcula el costo del programa y lo reduce a un número por día o por hora.

Por ejemplo, si le cuesta al prospecto $100 al mes, el vendedor lo representaría como sólo $3.33 al día... ¡o sólo 14 centavos por hora!

Vendedor: –Puede ver que este es un programa grandioso.–

Prospecto: –No, realmente no.–

Vendedor: –Bueno, véalo de esta forma. ¿Está dispuesto a invertir sólo $3.33 por día si pudiera mostrarle cómo convertirlos en $273.97 por día? –

El prospecto piensa, "No puedo multiplicar eso en mi cabeza así de rápido. Seguiré el juego hasta que pueda encontrar una manera de deshacerme de este vendedor."

¿Cómo nos sentimos sobre usar estas viejas estrategias de cierre?

¿Nos sentimos cómodos acorralando a las personas contra la esquina y obligándolos a tomar una decisión?

¿Nos sentimos como un vendedor en lugar de un socio?

¿Sentimos que lucimos como un vendedor engañoso en lugar de como alguien que está tratando de ayudar?

La mayoría de las personas se sienten incómodas usando estas estrategias de ganar-perder.

Aquí hay otro asunto para considerar.

Estas técnicas de cierre son las mismas usadas para vender autos, lavadoras, accesorios, pólizas seguros, etc. Éstas podrían ser transacciones de una sola ocasión.

Pero nuestra oportunidad de redes de mercadeo no es una transacción de una sola ocasión. Estamos buscando construir relaciones con nuestros nuevos socios para la vida de nuestro negocio.

Una cosa es "vender" un producto, tomar el dinero, y nunca volver a ver al prospecto. Pero, ¿eso es lo que ocurre en redes de mercadeo?

No. En redes de mercadeo, estaremos viendo a esa persona una y otra vez. Al usar estas técnicas de cierre de alta presión, nos colocamos en la posición de decir,

"Te avergonzamos y te engañamos para que firmaras, pero de ahora en adelante, te trataremos como un adulto."

Estas técnicas de cierre de ventas pueden servir al vender pólizas de seguros o algún otro producto de "una sola ocasión." Sin embargo, pueden no ser la mejor manera de construir relaciones con nuestros futuros líderes.

Podríamos fácilmente nombrar muchas otras técnicas de la vieja escuela, pero mejor pasemos al "cierre del millón de dólares."

¿Por qué es mejor el "cierre del millón de dólares"?

Vender y presionar demasiado se siente como una confrontación. La mayoría de los empresarios de redes preferiría ser un socio, un consultor, un asesor, o un entrenador. A los empresarios de redes les gusta ayudar a que alguien tenga éxito.

A los empresarios de redes de mercadeo les gusta liderar a sus prospectos indecisos hacia adelante. Desafortunadamente, la mayoría de los prospectos encuentran más fácil nunca tomar una decisión.

¿Y qué hacemos como empresarios de redes?

Los engatusamos, suplicamos, regateamos, manipulamos y obligamos a los prospectos a que se comprometan. Nos convertimos en el vendedor que presiona y que tanto odiamos. Y, no disfrutamos el proceso del cierre.

Los nuevos empresarios de redes de mercadeo que no han aprendido ninguna habilidad son terribles en este papel. Afortunadamente, los prospectos se salvan de un bombardeo constante de terribles presentaciones y métodos de cierre debido a que estos nuevos emprendedores nunca se adaptan realmente.

Tristemente, algunos empresarios continúan para convertirse en geniales cerradores de alta presión. Dejan detrás un rastro de personas persuadidas contra su voluntad para unirse a su programa. Luego, se preguntan por qué tienen tan poca actividad y "gente muerta" en su organización.

También se preguntan por qué nadie es capaz de duplicar su éxito.

Los cerradores de alta presión eventualmente pierden todo el respeto de sus prospectos. Ellos descartan y ridiculizan a la gente que consideran "perdedora."

Entonces, ¿quienes son los mejores empresarios de redes?

Mira a los que están en la cima. Muchos de ellos son madres, maestros, o trabajadores sociales, o están en alguna otra profesión similar. Sólo un pequeño porcentaje de los empresarios en la cúspide son tiburones o vendedores de alta presión.

¿A qué se debe?

A que no podemos presionar a los prospectos a ser trabajadores voluntarios. Las personas en redes de mercadeo son voluntarios. Deben querer trabajar su negocio.

Si usamos cierres de alta presión con nuestros prospectos, dirán "sí" sólo para deshacerse de nosotros. Luego saben cómo desaparecer.

Si le permitimos a nuestros prospectos ser voluntarios en nuestro negocio, entonces tendremos una organización más productiva. Es por eso que las madres, maestros y trabajadores sociales lo hacen tan bien. Ellos le permiten a las personas ser voluntarios.

Todos ellos usan alguna versión del cierre del millón de dólares.

El cierre del millón de dólares le permite a los prospectos:

1. Calificarse a ellos mismos como voluntarios.

2. Unirse debido a que desean unirse.

3. Sentir que están tomando una decisión basada en sus opciones, no en las nuestras.

El cierre del millón de dólares nos permite tratar a nuestros prospectos como adultos, que pueden decidir lo que quieren en sus vidas.

Ya viste el cierre del millón de dólares anteriormente en este libro.

Así es, tú mismo lo leíste, pero es tan normal y de bajo perfil que pasa "bajo el radar." La mayoría de las personas nunca lo nota. Ahora, esas son buenas noticias. Esto significa que nuestros prospectos no se sentirán alarmados cuando lo escuchen.

¿Entonces cuál es el cierre del millón de dólares?

Es muy simple, presentemos nuestra oportunidad de redes de mercadeo de la manera menos sensacionalista y honesta que puedas. Asegurémonos de responder las preguntas básicas que nuestros prospectos quieren saber.

Esto completa nuestro deber para con nuestros prospectos. Ellos reciben la información que necesitan para tomar una decisión inteligente.

Nosotros concluimos nuestra presentación diciendo:

"Bien, ¿qué piensas?"

Eso es todo. Ese es el cierre del millón de dólares.

El resto depende de nuestros prospectos.

Nuestro trabajo es sentarnos y escuchar. Entregamos la información. No somos responsables por las decisiones que nuestros prospectos toman en sus vidas.

¿Y qué es lo que sucede?

¡Nuestros prospectos pueden decirnos lo que piensan realmente!

Escucharemos cosas como:

- "Luce interesante. ¿Cómo ingreso?"
- "¿Esta es una de esas pirámides? No pienso que me sentiría cómodo presentando esto a mis amigos."
- "¿Dices que ingresar sólo cuesta $49? Eso es muy razonable, especialmente con la garantía de reembolso del dinero."
- "¿De verdad piensas que podría hacer esto con tu ayuda? ¿Cuánta ayuda me darías?"
- "Estoy ocupado ahora. Mi hija se casa el mes siguiente. Conversemos después de la boda."
- "De verdad sería bueno si pudiera ganar lo suficiente para renunciar a mi trabajo. Odio conducir a diario y dejar a los niños en la guardería."
- "Esto suena muy difícil. No es para mí."

Toda esta retroalimentación a partir de una simple pregunta.

Cuando usamos el cierre del millón de dólares, la magia sucede. Nuestros prospectos sienten que respetamos sus sentimientos. Y ahora, nuestros prospectos pueden decirnos abiertamente lo que piensan.

Notaremos que nuestros prospectos caen en alguna de éstas tres categorías:

1. Voluntarios. Estos prospectos piensan que tenemos una oportunidad genial y están listos para unirse. Estos prospectos se unen sin rezongar, quejarse, o arrastrar sus pies, que tanto desgasta nuestra energía.

2. Los prospectos que dicen "No." Eso está bien. Se sienten bien de que respetemos su decisión. Nos sentimos bien de que no tenemos que arrastrarlos con nosotros en nuestro camino hacia el éxito. No todos tienen que ser miembros de nuestra organización, ¿correcto?

3. Los prospectos que tienen interés, pero también tienen preguntas. Estos prospectos sienten que nos pueden hacer preguntas sin que los presionemos y sin que manipulemos cada una de sus preguntas hacia un cierre. Disfrutaremos conversaciones abiertas con estos prospectos.

¿No es esto lo que la mayoría de nosotros queremos de nuestro negocio?

Ahora podemos relajarnos, entregar presentaciones agradables, libres de sensacionalismo, y permitirle a nuestros prospectos tomar sus propias decisiones. Cuando tratamos a nuestros prospectos como adultos, ellos aprecian nuestro comportamiento, y nos recompensan en consecuencia.

¿Este cierre es demasiado suave?

Algunas personas dirán, "Oh, nunca le preguntes a un prospecto lo que piensa. Eso le dará oportunidad de rechazarnos o arrojar una objeción. ¡Tienes que acorralarlos contra la esquina!"

Hmmm. ¿No estamos aquí para ayudar a nuestros prospectos? Si nuestros prospectos tienen preocupaciones o dudas, queremos saberlo. Entonces, podremos darle a nuestros prospectos la confianza para salir adelante a pesar de estas dudas. Todos los prospectos tienen dudas. Más vale que descubramos cuáles son.

EL CIERRE DE "CALIFICAR PRIMERO."

Aquí está cómo hacer que nuestros prospectos comiencen a construir su negocio antes de incluso unirse a nuestro negocio.

Le decimos a nuestro prospecto que debe "calificar" para unirse a nuestro programa.

Podríamos decir esto:

"Sr. Prospecto, no quiero que se integre a mi negocio si no es para usted. Así que, antes de que tome su decisión, haga esto. Asista a la junta de oportunidad de la siguiente semana y traiga a dos invitados. Después de la junta, vea cómo reaccionan sus invitados. Vea cómo se sienten sobre el negocio. Y entonces, tome su decisión."

Aquí está lo que sucede.

1. Nuestro prospecto se siente relajado. No tiene que tomar una decisión de inmediato.

2. Nuestro prospecto encuentra fácil traer dos invitados. No hay presión en los invitados. Sólo están asistiendo para dar un vistazo.

3. Nuestro prospecto no siente que está tratando de sacar dinero de sus invitados. No los presiona a ellos ni a él mismo durante la invitación.

CIERRES PARA REDES DE MERCADEO

4. Ahora tenemos tres prospectos en la junta de oportunidad en lugar de un prospecto.

5. Si nuestra junta de oportunidad es buena, nuestro prospecto tiene un genial comienzo. Tendrá dos distribuidores potenciales listos para arrancar. Y, más importante, nuestro prospecto sabe que puede invitar personas y construir un negocio. ¡Lo acaba de hacer!

O...

Podríamos también parafrasear este cierre de "calificar primero" de otra manera.

Primero, le damos una presentación completa a nuestro prospecto. Cuando nuestro prospecto dice que quiere unirse, podemos decir esto:

"La única manera en la que puedes unirte es haciendo las citas para tus dos primeras presentaciones. Si no puedes fijar estas dos citas, bueno, no creo que este negocio sea para ti."

¿Qué hará el prospecto?

Nuestro prospecto inmediatamente se pondrá al teléfono y fijará las citas para las dos presentaciones.

A LOS HUMANOS LES ENCANTAN LAS OFERTAS EXCLUSIVAS.

Piensa en las primeras impresiones. Si podemos hacer lucir más exclusiva a nuestra oferta, nuestros prospectos la querrán más.

Primero, veamos cómo **no** hacerlo. No queremos comenzar diciendo, "Estoy en busca de cinco personas nuevas para trabajar con ellas."

¿Qué pensarán los prospectos? "Oh, estás buscando a cualquiera que respire. Aquí viene el guión de ventas." Esta no es una buena manera de comenzar o terminar nuestra presentación.

¿Pero qué tal si decimos esto?

* "Nuestro negocio le funciona mejor a familias que tienen una segura carrera en su trabajo. Usan el dinero extra de nuestro negocio para pagar sus deudas, invertir más, y jubilarse más pronto. ¿Eso te queda?"

No tuvimos que leer las mentes. Aprendimos sobre su situación previamente durante la conversación antes de que nuestra presentación comenzara. Al ajustar nuestras palabras para hacerlo más exclusivo, la familia se siente bien sobre nuestra presentación.

Probemos con otra más.

* "Si estás felíz con tu trabajo y el horario que tienes, nuestro negocio no es para ti. Nuestro negocio es para personas que quieren una nueva carrera."

¿A qué tipo de prospectos le diríamos esto? A personas que detestan su trabajo y quieren más de la vida. Esta apertura le ayuda a nuestro prospecto a pensar "¡Sí! Este es el negocio para mí. Por favor muéstrame cómo funciona." Los prospectos sienten que les estamos hablando directamente a ellos.

Imagina que estamos hablando con un estudiante universitario. ¿Qué es lo que sabemos sobre este estudiante? Estará desempleado cuando se gradúe. Su primer trabajo no le pagará bien debido a que no tiene experiencia. Estará comenzando su vida con pagos enormes del préstamo estudiantil. ¿Qué podría ser nuestro "resumen" exclusivo para él?

* Los estudiantes universitarios se benefician más de nuestro negocio. ¿Por qué? Primero, pueden construir en su tiempo libre mientras siguen en la universidad. Segundo, con sólo un éxito moderado, su negocio puede liquidar por completo los pagos de sus préstamos estudiantiles. Y tercero, para algunos estudiantes universitarios, pueden ser sus propios jefes y tener una carrera de tiempo completo cuando se gradúan de la universidad. No tendrán que atravesar entrevistas para competir por una posición de inicio con mala paga."

Ahora, ¿qué pensará el estudiante universitario? "Esto suena perfecto para mí. Si puedo conseguir un negocio exitoso pronto en mi vida, entonces podría viajar y hacer las cosas que quiero. Y no tendré esos enormes pagos del préstamo universitario sobre mi cabeza."

¿Podríamos usar este cierre exclusivo para nuestros productos y servicios?

Seguramente. Hagamos algunos ejemplos que apoyen a nuestros prospectos a sentir la exclusividad. Esto les ayuda a tomar decisiones de "sí" con más facilidad. Podemos resaltar nuestras ventajas únicas y separarnos de la competencia.

* "Debido a que nuestro programa de dieta está formulado para personas de más de 40, esto te dará la mejor oportunidad de alcanzar las metas de peso que deseas."

Bueno, si tuviésemos más de 40, ¿qué pensaríamos? "Así que por eso todas mis otras dietas fracasaron. Eran dietas genéricas diseñadas para todos los demás. Lo que necesito es una fórmula especial para personas de más de 40. Aquí está mi oportunidad para perder peso de verdad."

* "Lo que te acabo de mostrar es nuestro plan de servicios premium. Esto es para personas con un crédito A+ que son dueños de su casa. Su solvencia crediticia les ayuda a ahorrar dinero."

¿Qué crees que pensarían los dueños de vivienda con buen crédito? "Esto es para mí."

* "Nuestra pasta de dientes es para personas que aprecian los ingredientes seguros y naturales. Cualquiera puede comprar pasta de dientes con químicos baratos, pero no queremos poner químicos en nuestras bocas dos veces al día."

Aquí está lo que una madre con niños pequeños está pensando, "Quiero una pasta de dientes natural para mis hijos. No quiero llenarles la boca con químicos dos veces por día."

Las decisiones de "sí" vienen de prospectos felices.

A los prospectos les gusta sentirse especiales. Les gusta sentir que son parte de un grupo exclusivo.

Entre más refinado sea nuestro mensaje de venta, más fácil será que nuestros prospectos felices digan "sí" a nuestra presentación.

CIERRES A GRUPOS.

Cuando estamos haciendo un cierre a un grupo de personas, algunas ocasiones nos sentimos incómodos.

Mark Davis es el autor de *Cómo Terminar Nuestro Discurso con Confianza: 5 Métodos de Cierre para Concluir como Un Profesional.* Demos un vistazo rápido a algunas frases que él usa y que le dan a nuestra audiencia permiso para tomar su decisión… ahora.

1. "Cuando termine esta presentación de negocio dentro de dos minutos, puedes retirarte de inmediato… o puedes caminar hacia el fondo del salón por un bocadillo y una bebida. Por cierto, nuestras galletas son deliciosas."

2. "Cuando termine, esto es lo que puedes hacer. Hablar con la persona que te invitó aquí esta noche para saber los detalles de cómo puedes comenzar. O, si tienes más preguntas, venir al frente del salón y hablar conmigo. Con gusto responderé tus preguntas."

3. "Cuando termine aquí, puedes comenzar tu negocio llenando una aplicación. Sólo comienza desde arriba escribiendo tu nombre."

4. "Cuando termine de hablar en unos dos minutos, puedes decidir continuar viviendo como lo has hecho en el

pasado. O, podrías platicar conmigo antes de que te vayas, y conversar sobre los cambios que estás listo a hacer."

5. "Cuando te vayas hoy, puedes comenzar escribiendo una lista de clientes potenciales para este producto. ¿A quién conoces que quiere lucir más joven y tener más energía?"

Si haces muchas presentaciones en grupo, te recomiendo altamente leer su libro.

REMOVIENDO EL OBSTÁCULO NO MENCIONADO.

El anuncio leía:

"En venta: Paracaídas. Un solo uso, empacado de fábrica, pequeña mancha."

Sí, algo estaba muy mal con este intento de venta. ¿Pero cuál era el problema?

Riesgo.

El "miedo a lo desconocido" mantuvo a los prospectos de comprar este paracaídas.

Muchas ocasiones, la clave para hacer que nuestros prospectos compren nuestros productos o se unan a nuestro negocio es simplemente remover el riesgo. En lugar de apilar más beneficios, deberíamos concentrarnos en remover el riesgo del fracaso que preocupa a nuestros prospectos.

Cuando dos personas deciden hacer negocio entre sí, una persona tendrá que asumir el riesgo.

Esta persona podría estar arriesgando tiempo, o dinero. El riesgo causa miedo y procrastinación.

¿Quieres hacer que sea más fácil vender y patrocinar?

Démosle confianza a nuestros prospectos al remover tanto riesgo como sea posible.

La mayoría de las compañías ofrecen algún tipo de garantía de reembolso. En lugar de mencionar esta garantía, ¿por qué no ofrecerla como característica? ¿Por qué no hacer que esta garantía libre de riesgo sea una manera de ganar la confianza de nuestro prospecto?

Si nuestros prospectos dicen: –Necesito pensarlo.– o retrasan tomar una decisión, prueba removiendo el riesgo como nuestra solución.

Aquí hay un ejemplo de lo que podríamos decir:

"Ingresa esta noche. Todo lo que te pediré es que fijes cinco citas cada semana por las siguientes cuatro semanas. Yo haré las presentaciones. Tú observas. Al final de las cuatro semanas, evaluaremos nuestro progreso. Si estás felíz con la dirección de tu negocio, ¡felicidades! Eres parte del equipo. Y si no estás felíz con la dirección de tu negocio, la compañía te reembolsará el costo completo del paquete de distribuidor. No habrás perdido nada."

¿Quién podría resistir una oferta como esa?

Sin riesgo. Sin estrés. Sin remordimiento de compra.

¿Cómo se sentirán nuestros prospectos sobre nuestra garantía ahora? Ellos apreciarán el enfoque libre de riesgos que hizo fácil su decisión.

Cuando removemos el riesgo de nuestros prospectos, las decisiones son fáciles. Nuestros prospectos no tienen que preocuparse si toman una mala decisión. No tendrán que preocuparse si el porcentaje de bonificación es de 10% o de 11%. Y no tendrán que preocuparse si fracasan.

Esto de remover el riesgo suena como una muy buena idea. Veamos este concepto más de cerca en el siguiente capítulo.

REMOVIENDO EL RIESGO.

¿Recuerdas el gran concepto del capítulo anterior?

Cuando dos personas deciden hacer negocio entre sí, una persona tendrá que asumir el riesgo.

Esta persona podría estar arriesgando su dinero, o su tiempo. El riesgo provoca miedo y estancamientos.

Veamos cómo nos sentimos cuando alguien remueve el riesgo para nosotros.

Un vendedor nos pide comprar una aspiradora. El vendedor asume que no hay riesgo. Él obtiene el dinero. Por otro lado, **nosotros** asumimos todo el riesgo. No sabemos si la aspiradora servirá tan bien como lo hizo en la demostración. No sabemos si será fácil darle mantenimiento o conseguir refacciones. No sabemos si la compañía respaldará su garantía si nuestra aspiradora se avería.

Puesto que debemos asumir todo el riesgo, queremos "pensarlo más" o investigar con otros compradores antes de tomar nuestra decisión de compra. Si debemos asumir todo el riesgo, queremos estar seguros de nuestra decisión.

Cuando intentamos patrocinar un nuevo distribuidor, ¿quién asume todo el riesgo?

El prospecto.

Nosotros recibimos nuestros $100 por el paquete de distribuidor. No hay dinero saliendo de nuestros bolsillos.

Sin embargo, nuestro prospecto deberá asumir todo el riesgo de esta transacción. El prospecto se pregunta si realmente podrá construir un negocio, si el entrenamiento será suficiente, si la garantía del producto será respetada, si lo ayudaremos tanto como prometemos, etc., etc., etc.

Es por eso que nuestros prospectos pueden dudar, quieren "pensarlo un poco," o deciden no asumir el riesgo. Esto hace que nuestros prospectos rechacen nuestras invitaciones a ser distribuidores.

El secreto para un cierre exitoso es "remover el riesgo."

Si reducimos o removemos el riesgo, nuestros prospectos se sentirán cómodos, y tomar la decisión de ser distribuidor será fácil.

¿Así que cómo removemos el riesgo?

Aquí hay algunas ideas.

#1. Período de prueba.

Dile a nuestro prospecto dudoso que convertirse en distribuidor requiere un período de prueba de siete días. Nuestro prospecto deberá de regresar el paquete de distribuidor y los productos para un reembolso completo al finalizar los siete días, o… reafirmar su acuerdo de distribuidor para convertirse en un distribuidor permanente.

Esto suena mejor que una garantía de reembolso para el prospecto. Se siente como un período de prueba de siete días sin obligación. Esto nos da siete días para educar a nuestro nuevo distribuidor sobre los beneficios de los productos, apoyarlo a patrocinar algunos distribuidores, y comenzar un negocio irresistible.

¿Cuál es otra manera de remover el riesgo?

#2. Demorar el pago.

Prueba decir esto a un prospecto nervioso.

"No haremos cargos a tu tarjeta de crédito por siete días. En el día #7, tú y yo nos reuniremos. Entonces podrás decidir si nuestro negocio es para ti. Si nuestro negocio no es para ti, no pierdes nada. Cancelamos tu aplicación y nos despedimos como amigos. Si te encanta nuestro negocio, entonces procesaremos tu pago y activaremos tu aplicación como distribuidor. ¿Suena bien?"

De nuevo, el prospecto se siente mejor debido a que removimos el riesgo.

¿Otra manera de remover el riesgo?

#3. Respaldo increíble.

¿Ofrecemos nuestro apoyo al nuevo distribuidor? ¿Nosotros, o nuestra línea de auspicio ofrece entrenamiento gratuito?

Si lo hacemos, replanteamos estas sesiones gratuitas de entrenamiento como entrenamiento "pagado." Entonces, ofrecemos estas sesiones de entrenamiento "sin cargo" para nuestro nuevo distribuidor.

Por ejemplo, podríamos decir lo siguiente a nuestro prospecto:

"Cuando te unes a nuestro negocio, no asumes ningún riesgo. ¿Por qué? Debido a que nuestro equipo de éxito te encontrará más allá de la mitad del camino. Cuando adquieres tu paquete de $100, recibes todos los manuales, videos, y audios. También recibes una beca de $150 para el Curso de Entrenamiento del Equipo de Poder. Durante cuatro sábados consecutivos, aprenderás de los mejores productores en nuestro negocio. No puedes fallar con el respaldo de nuestros expertos."

Si nuestro nuevo distribuidor asiste a los cuatro cursos de los sábados, tendrá bastantes habilidades para ganar un cheque de bonificaciones que superará el costo de su paquete de arranque.

¿No nos encantaría que cada nuevo distribuidor asistiera religiosamente al entrenamiento durante cuatro sábados consecutivos?

¿Cuál es otra manera de remover el riesgo?

#4. Dejemos de hablar de nuestro éxito personal.

Recibo llamadas de prospectos solicitando consejo. Muchas ocasiones, preguntan:

–Pienso que me uniré a esta genial compañía. Mi patrocinador o línea de auspicio está ganando $20,000 al mes, así que debe ser una oportunidad genial. ¿Qué piensas?–

¿Mi respuesta?:

–Lo que gana tu patrocinador o línea de auspicio no significa nada… a menos que se ofrezcan a compartir su cheque contigo. Si sólo una persona gana un cheque grande, no significa que todos los que se unen ganarán lo mismo. Deberías tener una razón mejor para estar emocionado sobre tu negocio. ¿Puedes pensar en algunos otros beneficios?–

¿Por qué le pido a los prospectos que se enfoquen en pensar sobre los beneficios centrales de su negocio? Debido a que hay varias maneras de ganar un gran cheque.

Primero, podríamos descargar paquetes enormes de productos sobre distribuidores nuevos y desprevenidos y obtener un gran cheque de bonificaciones una sola ocasión. Luego, hacer copias de ese cheque, y mostrarlo durante los siguientes cinco años. ¿Nuestro prospecto puede hacer lo mismo? Esperemos que no.

Segundo, podríamos tener muchos años de experiencias exitosas en redes de mercadeo. Por alguna razón, decidimos unirnos a una nueva compañía y arrastrar a nuestra leal organización y clientes con nosotros. Podemos entonces pararnos frente a una junta de oportunidad y decir cómo ganamos cientos de dólares en nuestro primer mes. Pero, ¿nuestro prospecto nuevo sin experiencia previa puede hacer lo mismo? No realmente.

Tercero, podríamos tener un fabuloso mercado caliente personal. Quizá seamos el alcalde de la ciudad, dueño de todas las casas, y simplemente le pedimos a nuestros inquilinos que se unan. Seguro, comenzaríamos con un arranque muy veloz, pero, ¿nuestro nuevo prospecto puede duplicar esto? No realmente.

Pensándolo bien.

Recibí una llamada de parte de un nuevo distribuidor que preguntó:

–Mi patrocinador gana $80,000 al mes. Yo sé que esta es una compañía genial. ¡Mira cuánto dinero puedo ganar!–

¿Mi respuesta?

Big Al: –¿Esta persona es la que más gana en tu compañía?–

Nuevo Distribuidor: –Sí, lo es.–

Big Al: –Entonces, no hay nadie ganando tanto con esta compañía. Sólo él, ¿correcto? –

Nuevo Distribuidor: –Eh, sí.–

Big Al: –¿Y cuántos distribuidores están en la organización de este líder?–

Nuevo Distribuidor: –Como unos 90,000 distribuidores.–

Big Al: –Lo que me estás diciendo es que sólo una persona de entre 90,000 gana $80,000 al mes. Y que 89,999 personas fracasan en ganar $80,000 al mes, ¿correcto?–

Nuevo Distribuidor: –Eh, eh, correcto.–

Big Al: –Con probabilidades de 89,999 a uno, ¿no piensas que planear tu futuro basado en esas largas, largas probabilidades es un poco peligroso?–

Nuevo Distribuidor: –Auch. Tienes razón. No importa qué tanto gana mi patrocinador. Lo que importa es lo que yo pueda ganar, ¿correcto?–

Big Al: –Correcto. ¿Y tu línea de auspicio puede enseñarte las habilidades necesarias para construir una grande y exitosa organización?–

Nuevo Distribuidor: –Estoy seguro de que puede. Después de todo, él ya ha ganado buen dinero.–

Big Al: –¿Qué tan a menudo este líder súperestrella te llamará, se reunirá contigo, te entrenará y te apoyará?–

Nuevo Distribuidor: –Eh, nunca. Él mismo dijo durante la junta de oportunidad que ya no responde al teléfono. Sólo habla con los líderes de nivel Diamante Ejecutivo.–

Big Al: –¿Qué encuentras de malo en toda esta imagen?–

Nuevo Distribuidor: –Luce como que no puedo recibir ningún entrenamiento o apoyo hasta que me haga exitoso. Pero, si ya soy exitoso, bueno, supongo que no necesitaré ayuda en ese entonces. Pero, no puedo ser exitoso a menos que reciba el entrenamiento. Oh, esto no va a funcionar muy bien, ¿no es así?–

Big Al: –Estoy seguro de que puedes obtener algo de apoyo de alguien en tu línea de patrocino. No tienes que recibir ayuda de la persona más exitosa. De hecho, ser patrocinado por un líder ocupado es algunas veces una desventaja. ¿Por qué? Por que este líder debe compartir su limitado tiempo con 90,000 personas. Trata de encontrar a alguien en tu línea que pueda darte algo de apoyo. Necesitarás aprender las habilidades para lograr el éxito si vas a ganar el ingreso mensual que deseas.–

La verdadera pregunta que este distribuidor debería de estar haciendo es:

"¿Puede mi patrocinador enseñarme las habilidades para construir una larga y exitosa organización?"

Lo que cuenta no es lo que el líder súperestrella gana. Lo que cuenta es lo que el nuevo prospecto puede ganar.

¿Cuál es el punto de esta historia?

Esto es el por qué no deberíamos hablar de nuestros éxitos personales. Lo que nosotros ganamos no importa. No remueve el riesgo para nuestros prospectos.

En lugar de eso, hablemos sobre otras personas que hemos patrocinado y cómo ellos han experimentado el éxito en nuestro negocio.

Verás, nuestro prospecto quiere saber si podemos enseñarle las habilidades para ser exitoso.

Cuando hablamos sobre las otras personas que hemos ayudado, nuestro nuevo prospecto gana confianza. Siente que somos "creadores de éxito" y que no lo abandonaremos tan pronto se una. Escuchar historias sobre cómo hemos apoyado a otros construye la confianza de nuestro prospecto… y nos ayuda a remover el riesgo.

Podríamos decir:

"Déjame contarte sobre Mary Jones. Cuando la patrociné el año pasado, ella me dijo que quería construir un negocio exitoso. La acompañé a los entrenamientos, le ayudé con sus presentaciones, e hice llamadas de tres vías con su grupo cuando ella se fue de vacaciones a Hawai. Ahora, Mary es más exitosa que yo. Renunció a su empleo y se mudo con su familia a una hermosa casa en las afueras de la ciudad.

"Y luego está Joe Smith. Joe quería un ingreso de medio tiempo para ayudarlo a pagar sus tarjetas de crédito en un par de años. Bien, Joe y yo hicimos varias presentaciones de ventas y obtuvimos varios referidos. Ahora sus ganancias por menudeo superan los $300 mensuales. Además, Joe recibe un cheque extra por $100-$200 al mes. Joe ama su trabajo y seguirá trabajando medio tiempo con nosotros. Sin embargo, ahora puede seguir en su empleo y pagar a tiempo sus tarjetas.

"Y déjame contarte sobre Jane Doe. Ella comenzó con nosotros hace unos dos años sólo para poder comprar sus productos a precio de mayoreo. Después de que un par de sus amigas le pidieron algunos productos, Jane cambió de idea. Me preguntó si la podría apoyar a construir un negocio de medio tiempo. Jane y yo hicimos fiestas caseras, hablamos con varios de sus amigos, e hicimos mini-entrenamientos con varios de sus grupos. Ahora, Jane sigue de medio tiempo con nuestra compañía. Pero, ganó su primer automóvil de bonificación y su ingreso promedio libre es de unos $1,500 al mes."

Después de escuchar estas historias, ¿qué es lo que está pensando nuestro prospecto?

Él piensa,

"¡Vaya! Si me patrocinas en este negocio, me apoyarás a llegar al éxito. Ya has apoyado a otros a ser exitosos. No hay riesgo de mi parte si pongo el esfuerzo. Y pondré el esfuerzo extra ahora que sé que tengo garantizado el éxito con tu ayuda."

Míralo de esta manera. No nos importa lo que gana la cabeza de nuestro gobierno. Él o ella no compartirá su cheque con nosotros. Pero, si estuviésemos considerando un puesto en el gabinete del gobierno, estaríamos interesados en cuánto dinero ganan los otros oficiales del gabinete.

Recuerda, el factor crucial al patrocinar un nuevo distribuidor gira en torno a este principio:

Cuando dos personas deciden hacer negocio entre sí, una persona tendrá que asumir el riesgo.

Nuestro trabajo es remover tanto riesgo de nuestro prospecto como sea posible.

DARLE A NUESTROS PROSPECTOS LA GARANTÍA DE LA "VERDAD."

Los prospectos tienen miedo de tomar riesgos. Eso sólo es natural. Como humanos, nos enfocamos en la supervivencia. Ese es el primer programa en nuestras mentes.

Así que cuando los prospectos se resisten, los empresarios de redes de mercadeo intentan calmar sus miedos al decir cosas tales como:

- "Prueba nuestro negocio. Tenemos una garantía de reembolso de 30 días."
- "Prueba nuestro producto o servicio. Tenemos una garantía de reembolso de 30 días."

¿Alguna vez te has dado cuenta de que estas garantías rara vez cierran a nuestros prospectos?

¿Por qué? Debido a que muchos prospectos se avergüenzan de sacar ventaja de un reembolso. Así que, nunca hacen el compromiso inicial de probar el producto, servicio, o la oportunidad de negocio.

¿Por qué no probar con esto? Darle a nuestros prospectos la garantía de la "verdad." Asombrará a nuestros prospectos y creará una motivación de "miedo a la pérdida." Dí:

"Tengo una garantía sobre nuestro negocio. Si no intentas nada, estás garantizado a que nada cambiará. El tráfico para llegar al trabajo no cambiará. El tiempo limitado que tienes con tu familia no cambiará. Tu cheque actual no cambiará."

Y ahora nuestros prospectos deberán de pensar. Se dan cuenta de que decir "no" sería renunciar a una esperanza de solución.

Un poco de humor.

El prospecto le preguntó al empresario de redes, "¿Hay una garantía? ¿Me garantizas que ganaré dinero y seré exitoso dentro de este negocio?"

El empresario de redes de mercadeo respondió,

"Primero, tienes que invertir $150,000. Además, tienes que entrenar por cuatro años consecutivos sin pago. No ganarás nada durante estos cuatro años. Finalmente, al terminar estos cuatro años, no hay garantía de que conseguirás empleo.

"¡Oh espera! Me equivoqué. ¡Estaba describiendo la educación universitaria por error!"

Está bien, por supuesto que no podemos decir eso a los prospectos, pero un poco de humor hace que aprender sea mucho más fácil.

MALA DIRECCIÓN.

Una manera de manejar objeciones es re-dirigir la conversación hacia lo que de verdad importa. Es más fácil responder una objeción cuando fijamos las reglas sobre lo que es importante.

Aquí está cómo funciona. Tomamos la objeción actual de nuestro prospecto, y la minimizamos. Ahora la objeción no es un elemento importante sobre la decisión final. Luego. Dirigimos la atención de nuestro prospecto hacia la gran pregunta, la pregunta real que queremos que nuestro prospecto responda.

Esto es más fácil de observar en la siguiente historia.

"¿Adivina quién tiene el mejor producto en redes de mercadeo?"

Hace unos 30 años, hice una presentación. Le dije a mi prospecto sobre cómo mi compañía tenía las mejores vitaminas con más miligramos que la competencia. ¡El prospecto tenía que unirse a mi compañía debido a que teníamos el mejor producto!

Mi amigo, Tom Paredes vino conmigo a escuchar mi presentación. No podía esperar para reírse de mí después.

Cuando terminó la presentación, Tom y yo estábamos comiendo comida mexicana en un bufete. Tom volteó conmigo y me contó esta historia.

***

Imagina que te uniste a mi compañía debido a que mi producto tiene 100 miligramos de vitamina C. Es el mejor producto allá afuera. Haces tu lista, afilias a algunos distribuidores y creas algunos clientes.

Pero tres semanas después, una compañía nueva comienza y su producto contiene 101 miligramos de vitamina C. Es mejor. Así que, ¿qué es lo que tienes que hacer si quieres representar al mejor producto?

Renunciar.

Te disculpas con tus distribuidores. Le haces un reembolso a tus clientes. Y te unes a la Compañía B por que tienen el "mejor" producto.

Haces tu lista, registras a algunos distribuidores y creas algunos clientes.

Pero tres semanas después, una nueva compañía comienza. Su producto tiene 102 miligramos de vitamina C. Es mejor. Entonces, ¿qué es lo que tienes que hacer si quieres representar al mejor producto?

Renunciar.

Te disculpas con tus distribuidores. Le haces un reembolso a tus clientes. Y te unes a la Compañía C por que tienen el "mejor" producto.

Pero tres semanas después, una nueva compañía comienza y su producto tiene 103 miligramos de vitamina C, además…

un folleto a color. Todo es mejor. Entonces, ¿qué es lo que tienes que hacer si quieres representar al mejor producto?

Renunciar.

Nunca podrás construir un ingreso residual de largo plazo si comienzas cada tres semanas.

∗∗∗

Auch. Tom tenía razón.

Pero no se detuvo ahí. No podía resistir restregármelo en la cara un poco más.

Tom contó la misma historia pero sobre planes de compensación. Me contó cómo tendría que saltar cada vez que una nueva compañía saliera con un porcentaje más grande en el nivel tres, etc.

Y después de que Tom terminó de dirigir mi atención lejos del tema de "quién o qué es mejor," me dijo qué decir a continuación.

Él dijo: –Así que, la pregunta real es, ¿quieres construir un ingreso residual a largo plazo ahora o no?–

Y así es como yo aprendí mi lección.

Debemos tomar decisiones sobre las cosas que cuentan.

Si tratamos de patrocinar a personas al hablar sobre nuestro maravilloso producto o plan de compensación, nos abrimos a nosotros mismos a comparativas y objeciones. No es bueno.

Pero podemos dirigir los pensamientos de los prospectos hacia temas tales como:

1. ¿Quiero estar en el negocio o no?

2. ¿Quiero estar en un negocio con esta persona o no?

3. ¿Estoy listo para hacer algo por mi familia ahora... o no?

4. ¿Me puedes enseñar las habilidades para construir una gran y exitosa organización?

Si hacemos esto, entonces no tendremos que responder a objeciones menores. El prospecto puede concentrarse en la perspectiva completa.

Es más fácil patrocinar personas basados en lo que podemos hacer por ellos.

Deja de discutir datos.

Queremos cambiar nuestros hábitos de recitar datos y estadísticas, y crear un nuevo futuro al hacer algo diferente.

Piensa en ello de esta manera. ¿Al prospecto le importa si 41% de los ingredientes vinieron de China en lugar de 53%?

No.

Lo que importa es si ellos quieren crear un negocio exitoso... y si nosotros podemos mostrarles cómo. Ese es el asunto principal.

Así que dirigimos las preguntas de nuestro prospecto y sus objeciones hacia estas preguntas finales:

1. ¿Quiero estar en el negocio o no?

2. ¿Quiero estar en un negocio con esta persona o no?

3. ¿Estoy listo para hacer algo por mi familia ahora... o no?

4. ¿Me puedes enseñar las habilidades para construir una gran y exitosa organización?

Ahora podemos seguir adelante con nuestros prospectos y ayudarlos a comenzar su negocio.

DENTRO DE LAS MENTES DE NUESTROS PROSPECTOS.

El estado mental de nuestros prospectos es clave en obtener decisiones de "sí." Piensa en ello de esta forma. Si nuestros prospectos se sienten agitados, preocupados, o molestos, nuestras posibilidades de conseguir una decisión de "sí" disminuyen. Debemos estar atentos al humor de nuestros prospectos.

A menudo esto queda fuera de nuestro control. Quizá un prospecto recibe una llamada telefónica molesta durante nuestra presentación. O, tal vez una emergencia surge mientras estamos presentando nuestro programa. En estos casos, lo mejor es regresar y continuar después. Con casi ninguna oportunidad de obtener una decisión de "sí," es más probable que en nuestra siguiente visita tengamos mejores oportunidades.

El factor de simpatía.

También debemos de revisar cómo se sienten nuestros prospectos hacia nosotros.

A los prospectos les encanta hacer negocio con personas que conocen, les agradan y en quién confían. ¿Nos hemos ganado esto de nuestros prospectos?

No importa qué tan buena sea nuestra oferta, si nuestros prospectos no se sienten conectados con nosotros, encontrarán a alguien más con una oferta similar. ¿Qué podemos hacer para aumentar nuestro factor de simpatía?

Las cosas más obvias que deberíamos hacer son:

1. Sonreír. Cuando sonreímos, otras personas reaccionan naturalmente sonriendo de regreso. Este es un genial primer paso.

2. No discutir ni corregir a los prospectos. Sólo en casos extremos deberíamos estar en desacuerdo con ellos, y sólo en los puntos más importantes. A nadie le gustan las personas que no están de acuerdo con ellos. Podemos reservar nuestras opiniones para otro momento.

3. Ser geniales escuchando. A los prospectos les encanta alguien que los escucha. Si hacemos toda la plática, nuestros prospectos se estresan, esperando su turno para hablar.

4. Hacer cumplidos a nuestros prospectos. Hacer cumplidos sinceros por lo menos en un tema.

5. Ser respetuosos con la decisiones de nuestros prospectos. Ellos tienen que vivir con las decisiones que hacen. Recuerda, estamos ahí solo para agregar una opción más a sus vidas.

EL CIERRE POR CONTRASTE.

Aquí hay una manera de manejar las objeciones de precios. Las objeciones de precios podrían ser sobre el costo del producto, nuestro servicio, o el costo de ingresar a nuestro negocio.

Si recibimos objeciones de precio de parte de nuestros prospectos, debemos ser más previsores en manejar esta objeción. Podemos hacer que nuestros prospectos estén de acuerdo en que nuestro precio es justo... antes de anunciar el precio final.

¿Cómo podemos hacer esto? Mi amigo, Bernie De Souza, es un maestro en el principio del contraste. Él maneja el precio y las expectativas de valor de sus prospectos en dos fáciles pasos.

Paso #1. Hacemos el beneficio de nuestro negocio o producto tan grande como sea posible en la mente de nuestros prospectos. Por ejemplo, mencionamos cuánto puede ganar nuestro prospecto en un año, dos años o inclusive tres años. O, qué tan costoso podría ser localizar y comprar ingredientes individuales para un producto de salud.

Paso #2. Luego, preguntemos a nuestros prospectos, "Si tuvieras un negocio o un producto que pudiese entregar este beneficio, ¿cuánto esperarías pagar por ese negocio o producto?"

Luego, le damos a nuestro prospecto tres opciones.

Opción A: Un número realmente grande.

Opción B: Un número ridículamente bajo.

Opción C: Un número que sea razonable, pero que luzca como una ganga.

Esto es más fácil de demostrar con un ejemplo. En este ejemplo, imaginemos que cuesta $100 comenzar en nuestra oportunidad de negocio. La conversación con un prospecto sería algo como esto.

Nosotros: –Incluso si este negocio sólo te hace ganar $500 al mes, en tres años eso sería $18,000 en tu bolsillo. Si tuvieras un negocio que te generara $18,000, ¿cuánto esperarías invertir para comenzar en ese negocio?

A. $10,000

B. $10

C. $100?–

Los prospectos elegirán la tercera opción casi todo el tiempo. Ellos dirán "$100." Y nosotros podemos responder, "Suena bien."

Sí, todo lo que debemos hacer es estar de acuerdo con ellos.

Podemos usar el mismo principio de contraste para hablar sobre el precio de un producto, servicio, o incluso un boleto para una convención. Hagamos un rápido ejemplo para un boleto de la convención de nuestra compañía.

***

Nosotros: –La convención de nuestra compañía es el evento del año. No sólo conoceremos personas importantes e inspiradoras, sino que la compañía paga por el salón de conferencias, las comidas, y también nos da muestras nuevas. Incluso si la motivación e información de la convención de nuestra compañía sólo te ayuda a ganar $100 al mes, esos son $1,200 más en tu bolsillo en 12 meses. ¿Cuánto esperarías pagar por un boleto que incluye las tres comidas, entrenamientos, muestras, y educación?

A. $10,000

B. $10

C. $200?–

Como siempre, las personas elegirán el tercer número casi siempre. Ellos dirán, "$200." Y nosotros podemos responder, "Suena bien."

***

Recuerda estas claves.

Decimos el valor de lo que ofrecemos, luego le damos a nuestros prospectos tres opciones.

Opción A: Un número realmente grande.

Opción B: Un número ridículamente bajo.

Opción C: Un número que sea razonable, pero que luzca como una ganga.

Y estar de acuerdo con ellos cuando elijan la Opción C.

LA CURIOSIDAD MATÓ AL GATO.

Este viejo dicho es verdad. La curiosidad es un fuerte, fuerte motivador.

Hace unos 45 años, asistí a una junta de oportunidad como invitado de un amigo. El presentador sabía como usar la curiosidad como cierre para hacer que los prospectos dieran un paso adelante, e hicieran un compromiso.

Esto es lo que el presentador hizo.

Conforme la presentación progresaba, el presentador cambiaba de página en su panfleto de presentación. Cada página contenía un beneficio mejor que la página anterior. Todos querían unirse como distribuidores.

De pronto el presentador se detuvo y dijo:

–Amigos, como pueden ver, hay mucho, mucho más dentro de nuestra oportunidad. Pero no tengo permitido mostrarles lo mejor. Sólo le revelamos lo mejor a los distribuidores que se comprometan a ser Súper Ejecutivos.

Si quieres ser un Súper Ejecutivo, tienes que hacer esto. Tienes que llamar a tu jefe y decirle que no podrás asistir a trabajar mañana por la mañana. Entonces, regresarás aquí para un entrenamiento especial de tres horas donde revelaremos el gran secreto. Aprenderás cómo ganar el dinero que siempre has deseado.–

Miré alrededor del salón. Algunos invitados arrastraban sus pies, pero la mayoría de los invitados tenía fuego en sus ojos. No podían esperar a la mañana siguiente. Querían conocer los secretos de los iniciados, los secretos del negocio, el plan para ganar buen dinero y demás.

Nadie tuvo que cerrar a los prospectos en ese salón.

¿Un cierre fuerte? Sí.

¿Es el cierre que queremos usar? Tal vez, tal vez no. Pero es un cierre adicional que podría ser apropiado en ciertas situaciones.

No todo cierre funciona para todos, en cada situación, y para cada prospecto. Queremos tener un gran inventario de cierres de los cuales elegir.

OBJECIONES: LA IMAGEN COMPLETA.

Nuestros prospectos quieren unirse, pero también quieren más seguridad. Ellos nunca han participado en nuestro negocio antes, o nunca han probado nuestros productos. Es entendible que estén algo nerviosos por el futuro.

Pero muchas ocasiones, nuestros prospectos quieren tomar una decisión de "sí," y es por eso que preguntan por más seguridad al mencionar objeciones. Si no tuviesen interés en nuestro ofrecimiento, no estaríamos hablando para entonces.

Piensa en esto. Hablamos con un vendedor. No tenemos interés en la oferta del vendedor. ¿Le haríamos más preguntas o mencionaríamos más objeciones para prolongar la tortura de su presentación? Por supuesto que no. Querríamos acabar con la conversación tan pronto como fuese posible para salir de ahí.

Mira el lado positivo. Las objeciones significan que nuestros prospectos desean unirse. Sólo que quieren un poco más de seguridad antes de tomar su decisión final de "sí."

¿Por qué los prospectos tienen objeciones?

Aquí hay algunas razones comunes por las que los prospectos dudan cuando les pedimos una decisión:

1. Nuestros prospectos no quieren lo que les ofrecemos. Ellos prefieren gastar su dinero en algo más.

2. Nuestros prospectos no necesitan lo que ofrecemos. Sienten que no utilizarían nuestros productos. O, nuestra oportunidad es algo que no quieren.

3. Nuestros prospectos están contentos como están. La vida es buena. No hace falta cambiar nada.

4. Nuestros prospectos tienen otra solución en mente. Ellos piensan que nuestra solución es inferior. Alguien más les hizo una oferta mejor, más atractiva.

5. Nuestros prospectos odian cambiar. Ellos sienten que el cambio abre la posibilidad de los errores. Ellos prefieren mantener su situación actual a arriesgarse a algo nuevo.

6. Nuestros prospectos no tienen el dinero. Ya han gastado su dinero en otro ofrecimiento.

7. Nuestros prospectos no tienen la autoridad de tomar decisiones. Deben hablar con su jefe, su esposa, o alguien más para pedir permiso para tomar una decisión.

Debemos saber estas cosas.

En las mentes de nuestros prospectos, estas razones son legítimas. Estas son razones reales que crean objeciones reales.

Debemos atender estas objeciones con confianza. ¿Por qué?

Por que los prospectos necesitan certeza.

Como lo mencionamos antes, los prospectos tendrán que comprometerse a su siguiente paso con un poco de fe. Recuerda, nuestros prospectos no han probado nuestros productos o nuestra oportunidad. ¿Se sentirán un poco nerviosos e inseguros? Seguramente.

Si no estamos confiados, no querrán unirse con nosotros. No querrán acompañarnos en nuestro camino si piensan que morirán con nosotros en ese camino. Ellos quieren que nosotros tengamos una confianza sólida como roca de que su camino será exitoso.

Para ponernos dentro de los zapatos de nuestros prospectos, usemos el siguiente ejemplo.

La visita al médico.

Nuestro médico dice, "No estoy seguro sobre qué tratamiento deberías tomar. Tal vez podríamos probar con este... o no lo sé, este otro también te podría servir."

¿Cómo nos sentiríamos sobre la falta de confianza de este médico? Estaríamos corriendo a buscar a un médico nuevo. Si nuestro médico no tiene confianza, evitaríamos su consejo.

Es lo mismo en redes de mercadeo. Nuestros prospectos desesperadamente buscan a alguien a quién seguir. Pero ese "alguien a quién seguir" debe de mostrar confianza.

Lo que no deberíamos decir a los prospectos.

"Estoy probando este negocio. Espero que me vaya bien. ¿Quieres entrar?"

Está bien, eso no es exactamente lo que diríamos, pero eso podría ser lo que nuestros prospectos están escuchando.

CIERRES PARA REDES DE MERCADEO

La mayoría de los prospectos son seguidores. Ellos no quieren seguir a alguien que no está comprometido hacia su destino. No quieren desperdiciar su tiempo siguiendo a alguien que dará la media vuelta.

Debemos asegurarle a nuestros prospectos que haremos lo que sea necesario para llegar a nuestro destino. Eso hará que la decisión de seguirnos sea más fácil.

Ahora, revisemos algunas objeciones comunes en el siguiente capítulo.

OBJECIONES FRECUENTES.

Las objeciones no son tan difíciles. Si estamos en el negocio por algún tiempo, notaremos que sólo hay algunas pocas objeciones comunes. Estas objeciones surgirán una y otra vez. Todo lo que debemos hacer es encontrar cómo responderlas una ocasión. Entonces, podremos usar nuestras respuestas una y otra vez.

En el comienzo, le tememos a las objeciones mucho más de lo necesario. Recuerda, las objeciones simplemente significan que nuestros prospectos siguen interesados.

La primera regla de las objeciones.

Estar de acuerdo.

La mejor manera de manejar las objeciones es estar de acuerdo con la objeción primero.

Una objeción puede ser válida para nuestros prospectos. No sabemos qué es lo que ha ocurrido en sus vidas. No sabemos los eventos que causaron esa objeción. No conocemos los programas que nuestros prospectos recibieron de sus padres, maestros, las noticias, y sus asociaciones con otros.

Es posible que la objeción tenga mérito. Y de nuevo, puede que no. Nuestro prospecto quiere que lo escuchemos. Y al estar de acuerdo con la objeción, le mostramos a nuestros prospectos que nos interesa lo que piensan.

Si estamos en desacuerdo con nuestros prospectos, cortaremos toda comunicación. Mientras estamos entrando en desacuerdo, nuestros prospectos sólo pensarán en las razones para reforzar su posición. Puesto que la mente consciente del ser humano sólo puede hacer una cosa a la vez, esto significa que nuestros prospectos no nos estarán escuchando. Sí, esto significa que estaremos hablando pero nadie estará escuchando.

¿La solución? Debemos estar de acuerdo con nuestros prospectos primero. Luego, la comunicación puede continuar.

Hay libros que se han escrito sobre esto. Conflictos verbales, acorralar a los prospectos contra una esquina, y presionar a las amistades no son las mejores maneras de construir relaciones con nuestro futuro equipo. Así que, ¿qué deberíamos hacer?

Primero, reconocer que hemos escuchado la objeción. Después, estar de acuerdo con el punto de vista de nuestros prospectos.

¿¿¿Estar de acuerdo???

Así es, estar de acuerdo. Si discutimos, nuestros prospectos no estarán escuchando. Nuestros prospectos están pensando en qué dirán a continuación para respaldar su posición. No podemos ganar las discusiones, pero si podemos estar de acuerdo con nuestros prospectos, entonces, no hay ninguna discusión.

Usaremos estas palabras:

- "Relajar."
- "Está bien."
- "Por supuesto."
- "Sí, puedo verlo."
- "Correcto."

Estas palabras detienen el drama dentro de las mentes de nuestros prospectos. Esto significa que nuestros prospectos pueden escuchar lo que diremos después en lugar de pensar en más pruebas para su posición.

Ahora, la comunicación de dos vías puede comenzar.

Veamos la objeciones más comunes.

Nuestro prospecto dice, "No tengo nada de tiempo."

¿Qué deberíamos hacer?

Estar de acuerdo. Podemos responder esa objeción con, "Por supuesto que no tienes nada de tiempo. Es exactamente por lo que estoy hablando contigo ahora. No quieres que esto siga así por el resto de tu vida. Vamos a conversar sobre las posibilidades, para que nunca tengas que estar en esta situación de nuevo."

¿Qué?

¿Qué sucedió aquí?

En diez segundos, tomamos una objeción y la convertimos en un "Sí, veamos como esto puede funcionar."

¿Magia? No. Aquí está exactamente lo que hicimos.

"Por supuesto que no tienes nada de tiempo."

Cuando abrimos con esta frase, nuestro prospecto se relaja. En su mente, él razona, "No tengo que pensar en más objeciones. Estás de acuerdo conmigo. No hay necesidad de que levante mis defensas para que la conversación continúe. Bueno, ya que no tengo que pensar en nada para reforzar mi posición actual, ¿qué haré? Supongo que mejor escucho lo que tienes que decir."

No hay comunicación a menos que nuestro prospecto tenga una mente abierta. La primera regla para manejar exitosamente las objeciones es estar de acuerdo con ellas. Se hay conflicto, nuestro prospecto estará pensando en ideas para respaldar su posición. Puesto que la mente consciente sólo puede tener un pensamiento a la vez, eso significa que nuestro prospecto no estará escuchando una palabra de lo que decimos.

Mientras que nosotros preferiríamos discutir nuestra posición, es mucho mejor que estemos de acuerdo. Ahora, por lo menos tenemos una audiencia para nuestro mensaje.

"Es por eso que estoy hablando contigo ahora."

¿Recuerdas la magia de la afinidad? Podemos construir mejor afinidad al decirle a nuestro prospecto un hecho que ya cree. Cuando decimos que estamos hablando con él ahora, en el fondo de su mente dice, "Sí, estás diciendo la verdad. Estás hablando conmigo ahora. Puedo creer lo que me estás diciendo."

"No quieres que esto siga así por el resto de tu vida."

De nuevo, le decimos a nuestro prospecto un hecho en el que ya cree. Por supuesto que quiere que su vida sea diferente. No disfruta estar saturado. ¿Ahora qué piensa el prospecto? "Sí, estás diciendo la verdad. No quiero seguir así de ocupado por el resto de mi vida. Puedo creer en lo que dices." Después de estos dos datos, nuestro prospecto tiene una mente más abierta que permitirá que nuestro mensaje entre.

"Conversemos sobre las posibilidades, para que nunca tengas que estar en esta situación de nuevo."

Este es el mensaje que queremos entregar. Queremos que nuestro prospecto acepte nuestra oferta de ayudarlo a encontrar una solución. Las frases previas en nuestra respuesta tienen un propósito. Abrir la mente de nuestro prospecto, para que pueda escuchar y aceptar este mensaje.

Debido a que nuestro prospecto aceptó este mensaje, ya ha tomado su decisión de querer unirse. Ahora es cuestión de resolver algunos asuntos de tiempo. Este es un ejemplo genial de tomar una objeción de cualquier tipo, y en sólo 10 segundos, convertirla en una decisión positiva para salir adelante.

¿Quieres algo más fuerte?

Nuestro prospecto se queja, "¡No tengo nada de tiempo!"

Nosotros respondemos, "Por supuesto que no tienes tiempo, todas las 24 horas de tu día están ocupadas ya. ¿Qué es lo que estarías dispuesto a sacrificar de tu día para que puedas cambiar el futuro de tu familia?"

Sí, mucho más fuerte y probablemente no sea apropiada para la mayoría de los prospectos. Pero para algunos, podría ser lo que hace falta decir para salir adelante.

Antes de que sigamos, tomemos un momento para explicar la habilidad de afinidad mencionada arriba.

Los prospectos tienen miedos. Sus programas de supervivencia están en alerta completa durante las presentaciones de ventas. Ellos piensan, "¿Cuál será el gancho? ¡Siempre hay un gancho!"

Debido a que los prospectos son escépticos, nuestros mensajes se filtran, modifican y muchas veces se rechazan. Auch. Cuando los prospectos no nos creen, incluso la mejor presentación se ha desperdiciado.

Para reducir el escepticismo y construir una mejor relación, deberíamos comenzar nuestras conversaciones con datos que nuestros prospectos ya creen. Esto establece confianza. Ahora transmitir nuestro mensaje a nuestros prospectos se hace más fácil.

¿Qué podemos decir que nuestros prospectos ya creen? Qué tal algo como esto:

- Todos queremos vivir más tiempo.

- Las arrugas están sobrevaloradas.
- Todos queremos fines de semana más largos.
- Sería genial despedir al jefe.
- Necesitamos más tiempo para vacaciones.
- Verse bien es importante.
- Morir joven no es conveniente.
- Las facturas eléctricas son muy altas.

¿Observas el potencial de crear lazos? Ahora nuestro mensaje tendrá una mejor oportunidad de ingresar al cerebro de nuestros prospectos.

Está bien, suficiente de la técnica de afinidad.

De vuelta a las objeciones. ¿Una versión de esta fórmula para objeciones funciona para otras objeciones?

Sí. Probemos algunas ahora. Mientras estas no funcionan para cada objeción, podemos usarlas para algunas objeciones comunes.

"No tengo nada de dinero."

Sí, nuestro prospecto está alegando vivir en la pobreza.

Prospecto: –No puedo pagar los $49 del paquete de distribuidor.–

Patrocinador: –¿Tienes televisión por cable, ¿correcto? ¿Qué te hará ganar más dinero, televisión por cable o nuestra oportunidad?–

Si nuestro prospecto no está suscrito a la televisión por cable, sólo modificamos nuestra respuesta. En lugar de eso, mencionamos otro gasto típico tal como:

- Fumar.
- Cerveza.
- Golf.
- Comidas en restaurantes.
- Películas.
- Pizza.
- Manicura.

Pero, en lugar de esta respuesta, ¿por qué no usar la fórmula que acabamos de aprender? Veamos qué tal sonaría.

"No tengo nada de dinero."

¿Que deberíamos decir? Esto va a estar fácil.

"Por supuesto que no tienes dinero. Por eso estoy hablando contigo ahora. No quieres que eso siga así por el resto de tu vida. Vamos a sentarnos y encontrar una manera de ganar el dinero para comenzar."

¿Recuerdas la fórmula?

¿Estamos de acuerdo con nuestro prospecto? Sí.

Y observa las primeras tres oraciones. Las tres mencionan un hecho que construye afinidad. Nuestro prospecto puede estar de acuerdo con nosotros en estos tres hechos. ¿Qué está pensando nuestro prospecto? "Tú dices la verdad. Estamos de acuerdo en varias cosas. Puedo escucharte con mente abierta."

¿Y la frase final? "Vamos a sentarnos y encontrar una manera de ganar el dinero para comenzar." Esta última oración dirige a nuestro prospecto hacia una conversación sobre cómo financiar su negocio. Al tener esta conversación, el prospecto asume una decisión positiva. De otra forma esta conversación sería insignificante.

¿Cómo hacemos que un prospecto que no tiene dinero se una? Bueno, ese no es el propósito de este libro. Pero los prospectos motivados que quieren cambiar sus vidas encontrarán una manera. Tal vez realicen una junta por adelantado o dos, o una fiesta de producto, o reciba pedidos por adelantado, o venda una vieja lámpara de lava que ha estado sentada en su cochera por 40 años. Seguramente podremos apoyar con el plan para el financiamiento, ahora que nuestro prospecto ha tomado la decisión de unirse.

"Tu producto es muy caro."

Prueba diciendo esto:

"Nuestro producto es un gusto o un lujo. Es como gastar dinero en cenar fuera, hacer un manicura, un boleto de lotería, o cerveza."

Si nuestros prospectos gastan dinero en estas cosas, pueden costear nuestro producto.

Podemos hacer nuestra propia lista de lujos adecuados en los que nuestros prospectos ya estén gastando dinero ahora.

"No conozco a nadie."

Deberíamos reconocer el patrón ya.

"Por supuesto que no conoces a nadie. Por eso estoy hablando contigo ahora. No quieres que eso siga así por el resto de tu vida. Es por eso que la compañía tiene un programa de entrenamiento especial que te enseñará a conocer personas nuevas y positivas. Además, me tendrás como patrocinador para ayudarte. Así que vamos a sentarnos y comenzamos, para que puedas registrarte de inmediato en el programa de entrenamiento de la compañía."

La respuesta anterior a esta objeción no requiere explicación.

Probemos con otra objeción.

"No sé como hacer este tipo de negocio."

"Por supuesto que no sabes cómo hacer este tipo de negocio. Nadie espera que sepamos cómo hacer un negocio antes de que comencemos. Eso sería tonto. Es por eso que la compañía tiene un programa especial de entrenamiento que te ayuda a comenzar inclusive cuando tenemos cero conocimiento. Además, me tendrás como tu patrocinador para apoyarte en cada paso del camino. Así que sentémonos para comenzar, para que podamos registrarte en el programa de entrenamiento de la compañía hoy mismo."

¿Uno más?

"No soy vendedor."

"Por supuesto que no eres un vendedor. Es por eso que estoy hablando contigo ahora. La compañía no quiere una bola de timadores anticuados tocando de puerta en puerta promoviendo sus productos. Ellos quieren personas reales, tal como tú y yo, que compartan sus experiencias con los demás. Así que vamos a sentarnos y comencemos. Por que, como no somos vendedores, esta oportunidad está hecha para personas como tú y yo."

¿Pero no hay otros tipos de objeciones?

Seguro. Pero la mayoría de las objeciones sólo refleja incertidumbre. Los prospectos quieren sentirse bien sobre la decisión de unirse. Aquí hay un ejemplo.

¿Tienes un refrigerador?

Mi amigo, Mike Lewis, cuenta esta historia que responde la "objeción de la saturación."

Prospecto: –¿Pero qué hay de la saturación? Después de un tiempo, todos habrán comprado o ingresado y no habrá nadie más a quién prospectar.–

Mike: –¿Tienes un refrigerador?–

Prospecto: –Sí. Todo mundo tiene un refrigerador?–

Mike: –¿Cuántas tiendas venden refrigeradores en tu ciudad?–

Prospecto: –Hay muchas tiendas que venden refrigeradores en mi ciudad.–

Mike: –Los refrigeradores duran por 10, 15, o tal vez 20 años, ¿correcto? Aún así las tiendas han seguido vendiendo refrigeradores por mucho, mucho tiempo. Y a estas tiendas les va muy bien.–

Prospecto: –Oh.–

La gran objeción.

¿Notaste la gran objeción que falta en este capítulo? Esta objeción es tan grande que dedicaremos un capítulo entero a ella. ¿Cuál es esta objeción?

"Quiero pensarlo más."

Esta es una de las objeciones que más acosa y frustra a los emprendedores de redes de mercadeo. Pero nos libraremos de ese miedo para siempre una vez que aprendamos cómo manejar esa objeción. Así que continuemos con el siguiente capítulo.

"QUIERO PENSARLO MÁS."

Este será un capítulo largo. ¿Por qué?

Por que a los prospectos les encanta decir:

- "Quiero pensarlo más."
- "Yo te avisaré."
- "Lo mantendré en mi mente."
- "Déjame responderte después."
- "Necesitamos más tiempo para discutir esto."
- "Tengo que consultarlo con alguien primero."

En mis talleres en vivo le digo esto a las mujeres: –Mujeres, denme su respuesta honesta sobre algo. Por favor díganme lo que realmente quieren decir cuando un hombre les llama para salir a cenar, y ustedes responden con, "Tengo que pensarlo."–

Los hombres dejan salir una risa un poco incómoda. Las mujeres sueltan una fuerte carcajada y al unísono gritan: –¡No!–

Así que le pregunto a las mujeres: –¿Por qué no le dicen "no" directamente a los hombres?–

Ellas responden: –Por que no queremos lastimar los sentimientos de los hombres. Somos amables.–

Deberíamos captar la indirecta.

Cuando nuestro prospecto nos dice, "Quiero pensarlo más," ¿qué deberíamos pensar?

No.

En la mayoría de los casos nuestros prospectos están siendo amables. Quieren ayudarnos a "guardar las apariencias" y evitar la vergüenza. No hace falta un científico para traducir su respuesta como un rechazo a nuestra oferta. También deberíamos captar la indirecta.

Además, nuestro prospecto no quiere discutir o crear una guerra de objeciones. Nuestro prospecto sólo quiere escapar de esta situación incómoda.

Si detectamos esto, aceptemos que nuestra oferta no es para estos prospectos. Podemos mantener nuestras buenas relaciones con las personas al ser amables también.

Pero... pero... pero...

Bueno, estamos pensando, "Seguro. Muchas veces nuestros prospectos nos están diciendo que no están interesados."

Pero algunas veces realmente quiere lo que ofrecemos, pero no tienen el coraje de tomar la decisión final. ¿Qué deberíamos hacer nosotros, como profesionales, para ayudarlos?

Revirtiendo la objeción "Quiero pensarlo más."

Las personas tienen miedo de tomar decisiones. Nuestros jefes nos entrenaron a no tomar decisiones. Ellos quieren que vayamos a trabajar para ellos, pero no quieren que pensemos. Sólo quieren que sigamos instrucciones.

Imagina que trabajo como cajero en un restaurante de comida rápida. Tú vienes y dices, "Quiero una hamburguesa con pepinillos en un lado."

Como cajero, yo pienso, "Bien, si coloco pepinillos en un lado, ¿me darán un aumento?"

No. No hay un beneficio positivo para mí al honrar tu petición. Además, si no sigo el procedimiento estándar al colocar pepinillos en ambos lados, podría ser despedido. Hay una tremenda desventaja y castigo para mí si tomo una decisión basada en tu pedido.

¿Y que haré? Yo diré, "Eso no es posible. Tengo que servir pepinillos en ambos lados."

Sí, nuestros jefes nos entrenan para no tomar decisiones.

¿Y qué tal si hacemos una mala decisión?

Aquí hay una segunda razón por la que no queremos tomar decisiones.

¿Hemos tomado malas decisiones en el pasado? Sí. ¿Y cómo nos sentimos cuando tomamos esas malas decisiones? Mal.

Oh, y hemos tomado tantas malas decisiones en nuestras vidas. Por ejemplo, ¿recuerdas cuando tuvimos aquella oportunidad de comprar acciones en esa empresa de rápido crecimiento y no lo hicimos? Después nos dimos un puntapié de arrepentimiento. O, miramos una casa o una propiedad y pensamos que era muy cara. Diez años después nos dimos cuenta de nuestro error. La propiedad subió de precio más allá de nuestras más locas expectativas. Sí, nuestras malas decisiones se quedan con nosotros.

¿Y qué sucede cuando pensamos de nuevo sobre estas malas decisiones? Nos sentimos mal. Durante nuestra vida, podemos revivir las malas decisiones 1,000 veces o más. Sentimos esa mala sensación cada vez que recordamos nuestras malas decisiones.

Con el tiempo, nuestra mente subconsciente dice, "No vuelvas a tomar otra decisión jamás. Puede que salga mal. Luego nos sentiremos mal una y otra vez."

Es por esto que a las personas no les gusta tomar decisiones. Es por esto que postergamos las decisiones tanto como sea posible.

Sin embargo, la realidad es que siempre estamos tomando decisiones. Debemos de tomar cientos o miles de decisiones cada hora. Nuestro cuerpo automáticamente hace 100,000 decisiones cada segundo sólo para mantenernos con vida. Estas decisiones automáticas son fáciles. No tenemos que pensar en ellas.

¿Pero qué hay de esas decisiones en las que sí debemos de pensar?

Odiamos esas decisiones. No queremos tomarlas, pero debemos de hacerlo.

Cuando demoramos o evitamos tomar una decisión... ¡de hecho estamos tomando la decisión de mantener nuestras circunstancias actuales!

Aquí tienes un ejemplo sobre no tomar decisiones.

Estoy sentado aquí comiendo un helado. Cucharada, tras cucharada, tras cucharada. Tú me preguntas: –¿Por qué no tomas una decisión de hacer dieta?–

Y yo digo: –Sí, eso es algo que debería de pensar.– Mientras tanto, continúo paleando cucharada tras cucharada de helado a mi boca. ¿Qué significa esto?

Significa que he tomado una decisión. "No, no tomaré la decisión de hacer dieta ahora. Estoy disfrutando este helado. Continuaré disfrutando de este helado. ¡Y esa es mi decisión final!"

¿Quieres otro ejemplo?

Me paro en medio de una avenida transitada. Los camiones están acelerando hacia mí. Yo pienso, "Necesito tomar una decisión. ¿Debo correr a la derecha? ¿O debería correr a la izquierda?"

Pero, decido no tomar una decisión.

Bueno, la tragedia se aproxima. No tomar la decisión de salir del camino… es tomar la decisión de seguir donde estoy. Esa decisión será costosa.

¡Rayos! ¿O sea que no hay tal cosa como "pensarlo de nuevo" en la vida real?

Aquí está la realidad.

Tomamos la decisión de salir adelante y cambiar, o tomamos la decisión de quedarnos donde estamos.

Nosotros sabemos esto. Los prospectos no.

Entonces, ¡debemos decirlo!

Así nuestros prospectos se darán cuenta de que no pueden dejar las decisiones para después.

¿Sus opciones?

Ya sea tomar la decisión de quedarse donde están sin nuestros productos, servicios, ni oportunidad... o salir adelante con nosotros.

Ahora nuestros prospectos comprenden que "no tomar una decisión" es, de hecho, "Tomar la decisión de continuar con sus circunstancias actuales."

Nuestros prospectos ya no pueden usar la objeción de "tengo que pensarlo."

Los prospectos toman la decisión de seguir con sus problemas, o trabajar con nosotros.

¿Procrastinación?

Los prospectos detestan tomar decisiones. Tienen miedo de tomar una decisión equivocada. ¿Entonces qué hacen?

Fingen demorar la decisión al decir que tienen que pensarlo más.

Todo lo que debemos hacer es decirles:

"Puedes tomar la decisión de comenzar hoy. O, puedes tomar la decisión de no comenzar hoy, y continuar con tu vida exactamente tal y como es ahora mismo."

Esto ayuda a los prospectos a darse cuenta de que siempre hay una decisión. Demorar es tomar la decisión de rechazar nuestra oferta y continuar con las mismas circunstancias.

Pero decir esto es muy directo. No queremos molestar a nuestros prospectos. Así que, usaremos mejores palabras para comunicar este mensaje.

¿Cómo decimos esto?

Comienza con esta simple frase: "Relájate, está bien…"

Cuando nuestros prospectos escuchan estas palabras, pensarán esto, "Wow. Estás de acuerdo conmigo. Me puedo relajar. No tengo que pensar en pretextos para respaldar mi objeción. Me gustan las personas que están de acuerdo conmigo. Así que, continúa por favor."

En este momento, nuestros prospectos han abierto sus mentes. Podemos continuar con nuestra conversación.

Después, le diremos a nuestros prospectos que está bien tomar la decisión de no comprar o no ingresar. Esto los alerta del hecho de que no moverse es una decisión de seguir donde están. Aquí hay algunos ejemplos.

- "Relájate, está bien tomar la decisión de no ingresar a nuestro negocio esta noche."
- "Relájate, está bien tomar la decisión de no comprar estas vitaminas esta noche."
- "Relájate, está bien tomar la decisión de seguir con tu proveedor de servicios."

- "Relájate, está bien tomar la decisión de no comprar nuestra crema hidratante nocturna hoy."

Estamos siendo educados. Hemos honrado las decisiones de nuestros prospectos.

Pero hay más.

Todas las decisiones tienen consecuencias. Deberíamos señalar las consecuencias de que nuestros prospectos decidan seguir donde están. Agreguemos consecuencias a estos ejemplos.

- "Relájate, está bien tomar la decisión de no ingresar a nuestro negocio esta noche, y continuar conduciendo dos horas de ida y dos horas de regreso del trabajo que odias."
- "Relájate, está bien tomar la decisión de no comprar las vitaminas esta noche, y dejar que tu cuerpo se sienta más y más viejo cada día."
- "Relájate, está bien tomar la decisión de seguir con tu proveedor de servicios, y continuar pagando las tarifas más altas de la cuadra."
- "Relájate, está bien tomar la decisión de no comprar nuestra crema hidratante nocturna hoy, y seguir escuchando cómo tu piel se arruga cada noche mientras te acuestas a dormir."

Ahora nuestros prospectos saben que han tomado una decisión.

Eso fue fácil, ¿no es así?

Reconocimos su decisión. De pronto, nuestros prospectos se darán cuenta de que "pensarlo de nuevo" realmente es la decisión de no comprar o unirse. "Pensarlo de nuevo" es la decisión de conservar sus circunstancias actuales. Eso es todo lo que queremos hacer, dejar que sepan que fue una decisión.

Y hay consecuencias terribles al conservar sus circunstancias actuales.

Aquí hay algunos ejemplos de lo que sucede cuando los prospectos toman la decisión de permanecer donde están:

- Trabajar más tiempo en un empleo que detestan.
- Levantarse con despertador por el resto de sus vidas.
- Tener que almacenar a sus niños en la guardería en lugar de estar con ellos en casa.
- Tener una oportunidad de ingreso limitada con sus empleos de sueldo fijo.
- Retrasar los tipos de vacaciones y recuerdos que quieren.
- Esperar que la pensión de la compañía sea suficiente.

Pensarlo de nuevo es caro. Asegurémonos de que nuestros prospectos conocen el precio real de no moverse.

Les damos un mal servicio a los prospectos si no los prevenimos sobre las consecuencias de continuar con las mismas circunstancias. Nuestros prospectos deberían de sentir la urgencia de actuar ya.

¡Pero hay más!

Mientras tenemos la atención de nuestros prospectos, les podemos recordar sobre los beneficios de no salir adelante con nosotros. Aquí está cómo eso sonaría:

- "Relájate, está bien tomar la decisión de no ingresar a nuestro negocio esta noche, y continuar conduciendo dos horas de ida y dos horas de regreso del trabajo que odias. Pero, también está bien tomar la decisión de comenzar esta noche, para que inicie la cuenta regresiva para despedir a tu jefe."

- "Relájate, está bien tomar la decisión de no comprar estas vitaminas esta noche, y dejar que tu cuerpo se sienta más y más viejo cada día. Pero, también está bien tomar la decisión de comenzar a cuidar tu cuerpo esta noche, para que tengas la energía que quieres para compartir tiempo de calidad en familia."

- "Relájate, está bien tomar la decisión de seguir con tu proveedor de servicios, y continuar pagando las tarifas más altas de la cuadra. Pero, también está bien entrar a internet por 10 minutos, y comenzar a pagar tarifas bajas como todos los demás."

- "Relájate, está bien tomar la decisión de no comprar nuestra crema hidratante nocturna hoy, y seguir escuchando cómo tu piel se arruga cada noche mientras te acuestas a dormir. Pero, también está bien tomar la decisión de retrasar esas arrugas por otros 15 años al proteger tu piel con nuestra crema."

¿Hay una fórmula para esto?

Por supuesto. Aquí está:

"Relájate, está bien tomar la decisión de no [inserta la decisión de "no"] y [inserta las consecuencias]. Pero también está bien tomar la decisión de [comprar o unirse] y [inserta los beneficios]."

Es así de fácil.

¿Educado? Sí.

¿Libre de rechazo? Sí.

¿Efectiva para que los prospectos nos den una respuesta de "sí" o "no"? Sí.

Listo.

Ejemplos exagerados.

La exageración es una técnica de memorización genial. Cuando exageramos llevamos las cosas a un nivel fantasioso, nuestras mentes las recuerdan fácilmente. Vamos a exagerar estos cuatro ejemplos previos. Por supuesto, nunca usaremos estas exageraciones, pero es un ejercicio de memoria divertido. Aquí están.

- "Relájate, está bien tomar la decisión de no ingresar a nuestro negocio esta noche, y continuar conduciendo dos horas de ida y dos horas de regreso para trabajar con un jefe vampiro chupa-sueños que devora partes de tu cerebro cada día, convirtiéndote en un zombie en vida. Pero, también está bien tomar la decisión de comenzar esta noche, para que inicie la cuenta regresiva para despedir a tu jefe."
- "Relájate, está bien tomar la decisión de no comprar estas vitaminas esta noche, y ahorrar un poco de dinero muriendo joven. Pero, también está bien tomar la decisión de comenzar a cuidar tu cuerpo esta noche,

para que tengas la energía que quieres para compartir tiempo de calidad en familia."

- "Relájate, está bien tomar la decisión de seguir con tu proveedor de servicios, y continuar pagando las tarifas más altas de la cuadra, mientras tus vecinos se burlan de ti a tus espaldas. Pero, también está bien entrar a internet por 10 minutos, y comenzar a pagar tarifas bajas como todos los demás."

- "Relájate, está bien tomar la decisión de no comprar nuestra crema hidratante nocturna hoy, y esperar que tus nuevas arrugas te den el respeto que reciben los ancianos. Pero, también está bien tomar la decisión de retrasar esas arrugas por otros 15 años al proteger tu piel con nuestra crema."

¿Esta es la única manera de manejar la objeción "Quiero pensarlo de nuevo"?

No. Pero funciona muy bien. Aquí hay otras dos maneras de manejar esta objeción común.

Como siempre, selecciona la manera que sea más cómoda para ti.

"Ahora, es tu momento de decidir."

Esto es un poco más directo. Le estamos diciendo a nuestros prospectos que deben de tomar una decisión ahora. Sin embargo, les estamos diciendo que tomen su decisión de una manera muy amable. Aún sienten que están a cargo de sus decisiones.

Al usar la simple palabra "decidir," eliminamos la respuesta: "Necesito pensarlo más."

¿Removerá esta objeción para siempre? No. Pero reducirá enormemente la cantidad de ocasiones que aparece.

A las personas les gusta decidir. ¿Y cuáles son las decisiones que le damos a nuestros prospectos?

#1. Seguir con sus vidas exactamente como están sin los beneficios de nuestros productos u oportunidad.

#2. Mejorar sus vidas al sacar ventaja de nuestros productos u oportunidad.

No es una decisión difícil de tomar. La mayoría de los prospectos naturalmente eligen la opción #2.

¿Por qué los prospectos eligen la opción #1? ¿Por qué los prospectos posponen o aplazan nuestros beneficios?

La respuesta está en nuestros pasos de afinidad y presentación. Si dejamos preguntas sin responder ahí, los prospectos se sentirán intranquilos al continuar. Sin embargo, si hicimos un trabajo genial al crear afinidad y presentar, la mayoría de los prospectos elegirán la opción obvia #2.

O, si no te gusta usar el cierre "Ahora, es tu momento de decidir," puedes usar otras palabras más elegantes, como estas dos oraciones:

"Entonces, Sr. Y Sra. Prospecto, no tienen que hacer nada, y las cosas seguirán iguales. O, si están listos para un cambio ahora, vamos a comenzar."

Esta es sólo una manera diferente de reducir las oportunidades de que nuestros prospectos digan, "Tengo que pensarlo de nuevo." Además, le dejamos saber a nuestros prospectos que podemos comenzar de inmediato.

Y finalmente, aquí hay una tercera forma de manejar esta objeción.

Limita las opciones.

Si le damos opciones a nuestros prospectos, no incluiremos "Quiero pensarlo de nuevo" como una de las opciones. Proveamos opciones tales como:

1. Comenzar ya.

2. Comenzar ya con el paquete grande.

3. Ser un cliente.

4. No.

La mayoría de los prospectos asumirán que éstas son las únicas cuatro opciones, y seleccionarán la opción que sea apropiada para ellos.

NO SIEMPRE ES NUESTRO ERROR.

"Necesito pensarlo más" surge a menudo en las presentaciones. Aquí hay un ejemplo que muestra que el problema no fue creado por nosotros. Esta vez, la propia mente del prospecto crea la objeción.

El final de nuestra presentación.

Hemos dado nuestra mejor presentación. Y ahora es momento para el cierre. Le pedimos a nuestro prospecto que se una y dice:

–¡Suena genial! ¡Asombroso! Quisiera...–

Y en ese momento, algo sucede dentro de la mente de nuestros prospectos. La mente consciente quiere unirse. Tiene sentido. Más dinero, más libertad, productos geniales. Pero recuerda, la mente consciente no toma las decisiones. Sólo es del tamaño de un guisante.

Aquí es donde la mente subconsciente de nuestro prospecto toma el mando, toca el hombro de la mente consciente y le dice:

"Hmmm, antes de que digamos que queremos ingresar, consideremos esto. He estado haciendo un seguimiento de nuestra vida. Cuando aprendimos a caminar, nuestros hermanos y hermanas se burlaron de nuestros fracasos. Cuando teníamos cuatro años, derramamos la leche y nuestros padres nos gritaron. Nuestros maestros señalaron todos nuestros errores en la escuela. En preparatoria, los otros chicos nos molestaban y hacían burlas. Nuestro jefe no nos respeta, continuamente cometemos errores... y el marcador es: 1'231,457 votos a que somos perdedores. Y, ¿ahora viene este desconocido y nos dice que podemos ser ganadores? Hmmm, no lo creo-ooo."

Así que ahora la mente consciente de nuestro prospecto toma el mando y termina la respuesta de nuestro prospecto a nuestra pregunta de cierre diciendo:

–¡Suena genial! ¡Asombroso! Quisiera... ¡PENSARLO UN POCO MÁS!–

¿¿¿Pensarlo un poco más???

Bueno, la mente consciente de nuestro prospecto no quiere decir:

"Hey, lo platiqué con mi mente subconsciente, la que domina mi vida. Y me dijo que la evidencia es abrumadora de que esto sólo será otro fracaso en mi vida. Supongo que soy un perdedor de tiempo completo."

Esa respuesta sería vergonzosa. Así que, en lugar de eso, la mente consciente "guarda las apariencias" al decirnos, "Quiero pensarlo un poco más."

Esto es lo que ocurre.

Y cuando lo hace, debemos trabajar más duro para darle más garantías y seguridad a nuestro nervioso prospecto.

MÁS Y MÁS INFORMACIÓN.

Hablamos con un prospecto, le damos nuestra presentación, y le pedimos una decisión de continuar hacia adelante. ¿Y qué es lo que dice el prospecto?

"¡Necesito más información!"

¿Qué es lo que diremos a continuación?

Si este problema ocurre una y otra vez, ¿seremos una víctima... o dominaremos exactamente qué decir después?

Aquí está lo que podemos hacer. Vamos a enfocar a nuestro prospecto de vuelta a la gran pregunta: "¿Quieres comenzar un negocio conmigo... o no?"

Podemos decir, "Si disfrutas recolectando información, está bien. Pero en algún punto, debemos dejar de recolectar información, dejar de posponer la acción, y tomar nuestro primer paso para comenzar nuestro negocio. Podemos recolectar información durante años después de que comencemos nuestro negocio, pero debemos comenzarlo primero. Así que la pregunta real que tú y yo tenemos es ésta. ¿Quieres comenzar tu negocio ahora... o no?"

Es difícil luchar contra la continua necesidad de un prospecto por más información. Sin embargo, podemos cambiar la conversación de recolectar información a, "¿Quiero comenzar ahora o no?"

Aquí hay una manera ligeramente distinta de acercarnos a este problema.

Detener el flujo de preguntas.

Los prospectos están nerviosos e inseguros. Para aplazar tomar una decisión, pueden recurrir a hacer pregunta, tras pregunta, tras pregunta. Esto no elimina la indecisión de nuestros prospectos, sino que solamente la demora.

En lugar de responder trivialidades sin final, consideremos este enfoque. Las trivialidades pueden ser respondidas con:

"Eso se cubre durante el entrenamiento. Pero la pregunta real es, '¿Quieres comenzar tu negocio ahora, para que podamos registrarte en el siguiente entrenamiento de inmediato?'"

Nuestros prospectos deben apreciar que regresamos el enfoque de vuelta a la gran pregunta, "¿Quiero comenzar un negocio contigo ahora, o no?"

Si nuestros prospectos no quieren comenzar ahora, entonces no importa qué tanto paga nuestro plan de compensación en el nivel 18.

Se acabó.

SÉ JUSTO. MUÉSTRALE A LOS PROSPECTOS SUS OPCIONES.

La indecisión y la duda son nuestros enemigos. Si nuestros prospectos sienten que puede haber una mejor solución en el futuro, no querrán decidir ahora. ¿Por qué? Debido a que temen que la opción mejor en el futuro haga que cualquier decisión que tomen ahora luzca mal.

La duda y el miedo son la base de la mayoría de las objeciones. ¿Qué podemos hacer para eliminar esto?

Podríamos mencionar las soluciones obvias para los problemas de nuestros prospectos. Una vez que todas las soluciones se han mencionado, será más fácil para nuestros prospectos elegir una solución.

Cuando proveemos estas soluciones, queremos colocar primero las malas soluciones. La mejor solución, nuestra solución, debería ser la última. Nuestra solución debería de ser lo último que nuestros prospectos escuchen.

Hagamos un simple ejemplo de cómo sonaría esto en la vida real.

***

Prospecto: "Pienso que tu suplemento de múltiples ingredientes es muy caro."

Nosotros: "Sí, es caro. Pero veamos las alternativas. Podríamos crecer cada ingrediente en un pequeño invernadero que construimos en nuestro patio trasero. Por supuesto esto tomaría mucho tiempo, y al final, sería más costoso.

"Una solución más práctica sería comprar cada ingrediente individualmente en tu tienda local de alimentos saludables. Pero si sumas el gasto total de cada ingrediente crudo, sería mucho más que el precio de nuestro producto.

"Nuestra última opción sería adquirir nuestro producto. Nosotros compramos al mayoreo, mezclamos todos los ingredientes para que sea conveniente, y termina al mejor precio para ti.

"Sabemos que quieres los beneficios de este producto. ¿Cuál de estas opciones parece mejor para ti?"

***

Nuestro prospecto está aliviado. Siente que tiene alternativas. Ahora, necesita elegir la mejor opción para él.

Hagamos un ejemplo para nuestra oportunidad de negocio.

***

Prospecto: "No estoy seguro si debería ingresar a tu negocio. Sí, luce bien, pero no lo sé."

Nosotros: "Bueno, unirte a nuestro negocio no es la única opción. Veamos tus alternativas. Primero, podemos esperar a que tu jefe te de un aumento del 50% en tu sueldo, para que puedas comenzar a pagar tus tarjetas y las deudas. Eso no es probable que ocurra, por lo menos no en los próximos días.

"Segundo, podemos esperar ganar la lotería. Sólo bromeo. Tú y yo sabemos que esa no es una opción viable.

"Tercero, puedes iniciar un negocio tradicional esto te colocaría en deudas más profundas. Tendrías que pagar por un espacio de oficina, costos de arranque, inventario, y tendrías un riesgo enorme. Incurrir en más deudas no es una buena opción cuando estás tratando de salir de deudas.

"Cuarto, podrías unirte a nuestro negocio esta noche. Inicia ahora para que puedas comenzar a ganar el dinero que necesitas para pagar tus tarjetas y deudas.

"Así que, tienes opciones. No tienes la opción de no hacer nada, por que las tarjetas y las deudas tienen que pagarse. ¿Cuál de estas opciones luce como la mejor opción para ti ahora?"

***

Hemos eliminado la vaga conversación de "Espero que otra opción aparezca" dentro de la mente de nuestros prospectos. Ahora, las opciones son claras. Nuestros prospectos deben tomar una decisión. ¿Cuál será esa decisión? Bien, eso lo deberían decidir nuestros prospectos.

¿POR QUÉ NO TODOS NUESTROS PROSPECTOS SE UNEN?

P. ¿Qué es lo que tienen en común todas nuestras presentaciones?

R. Todas ofrecen libertad de tiempo y libertad económica.

Nunca tendremos a un prospecto que nos diga:

"Oh, no quiero ingresar por que no quiero nada de libertad de tiempo ni libertad económica. Me gustarían más deudas, menos dinero, y pasar más tiempo en el trabajo."

Suena absurdo, ¿no es así?

Si nuestros prospectos quieren libertad de tiempo y dinero, y nuestra presentación ofrece libertad de tiempo y dinero, entonces, ¿por qué no se unen todos nuestros prospectos?

Debido a que no tienen la confianza de que lograrán libertad de tiempo y dinero con nuestra oportunidad. Seguro, **nosotros** podemos, pero no piensan que **ellos** pueden hacerlo.

Ahora aquí está la clave.

Cuando los prospectos no tienen confianza, aquí está lo que la mayoría de los presentadores hacen:

Comienzan a presentar más beneficios.

Le mencionan al prospecto sobre las llamadas de tres vías, lindos folletos, videos perfectos, lujosas reuniones, bonificaciones de autos, y demás beneficios. Pero están perdiendo el punto principal.

Los prospectos no piensan que pueden hacerlo, así que no importa qué tan buenos sean los beneficios.

¿La solución?

En lugar de hablar sobre más beneficios, deberíamos concentrarnos en mostrarle a nuestro prospecto **qué tan simple** puede ser realizar nuestro negocio. Este sería un momento genial para nuestra "presentación de un minuto."

Debemos enfocarnos en la confianza de nuestro prospecto sobre sus posibilidades de éxito dentro de nuestro negocio. Eso es lo que está deteniendo a nuestro prospecto - confianza.

REDUCE NUESTRAS OBJECIONES.

¿Alguna ocasión te has encontrado con un flujo constante de objeciones como éstas?

"El plan de mercadeo es muy complicado."

"Los productos son muy caros."

"No conozco a nadie."

"Nunca podría memorizar todos esos datos de nutrición."

"Mis amigos son diferentes."

"Hay mucha competencia."

"Lo intenté una vez pero no funcionó."

¿Suena familiar? ¿Por que es que recibimos estas objeciones?

Imagina que recibimos un río de objeciones sobre los costos de arranque de nuestra oportunidad de negocio.

Aquí está la gran pregunta. ¿Los costos de inicio de nuestro programa son la razón real de que recibamos estas objeciones?

No.

Si los costos de inicio ocasionaran estas objeciones, entonces todo distribuidor en nuestra compañía recibiría la misma objeción en cada presentación.

Mira a tu alrededor. ¿Qué es lo que ves? Hay varios líderes que les va muy bien con nuestro programa, y ellos no reciben la objeción sobre el costo de inicio. Hmmm… quizá la causa de esta objeción no sea nuestro programa.

Está bien. Veamos a nuestros prospectos. Quizá estamos hablando con prospectos que no gastan dinero. Hora de pensar de nuevo. Todos los prospectos gastan dinero. Todos los prospectos compran. Nuestros prospectos están gastando dinero con alguien más en lugar de con nosotros. Ellos tienen autos y costosos teléfonos inteligentes. Cuando salimos de casa de un prospecto, nuestro prospecto nunca dice, "Nunca gastaré de nuevo."

Por supuesto, nuestro prospecto gastará dinero de nuevo. ¡El problema es que nuestro prospecto no lo está gastando con nosotros!

Así que, esta objeción no proviene del costo de inicio, y tampoco proviene de un prospecto que no gasta dinero.

¿Entonces dónde más puedo buscar?

Podemos buscar en… nosotros.

Así es, nosotros estuvimos en cada presentación donde esta objeción surgió. Estuvimos en la "escena del crimen" todas las veces.

Así que, ¿qué estamos haciendo para ocasionar estas objeciones?

Aquí hay un pequeño truco para descubrir lo que ocasiona muchas de nuestras objeciones.

Haz una grabación de nuestras presentaciones. Entonces, en la tranquilidad de nuestro hogar, podremos revisar nuestra presentación.

Cuando nuestro prospecto tiene una objeción, simplemente retrocede un minuto o dos en la grabación. Revisa para ver qué fue lo que dijimos para ocasionar esa objeción.

¿Ocasionamos la objeción? Sí, en la mayoría de los casos nosotros generamos la objeción con nuestra selección de palabras.

Con un poco de práctica, y algo de humildad, podremos escuchar nuestra grabación y encontrar las palabras y frases que usamos para ocasionar que nuestro prospecto reaccionara con una objeción.

¿Estamos diciendo que los prospectos son reactivos?

Sí. Los prospectos son muy reactivos. Ellos no generan objeciones al azar.

Por ejemplo, digamos que recibimos la "objeción de la pirámide" a menudo. Esta objeción proviene de algo que hicimos o dijimos. Piensa en ello. Nunca hemos visto personas caminando por la calle y de la nada arrojar sus brazos y gritar, "¡Es una pirámide!"

¡La única razón por la que ocurre la objeción de la pirámide es por algo que dijimos o hicimos!

Prueba esto con un miembro del equipo también.

Cuando le pedimos a nuestros distribuidores que hagan una grabación de sus presentaciones, podrían decir, "Oh, no me gusta escucharme a mí mismo dando una presentación."

Tendremos que pensar, "Entonces tal vez a tus prospectos tampoco les agrada escucharte dando una presentación."

Ponlo a prueba. Graba más de una presentación, y escucha atentamente. Como profesionales, notaremos muchas cosas que decimos o hacemos que pueden ser mejoradas.

Y FINALMENTE, DOS PALABRAS MUY PELIGROSAS.

Debemos ser muy cuidadosos al usar las palabras "por qué" cuando le hacemos preguntas a nuestros prospectos.

¿Por qué?

Debido a que nuestros prospectos tienen malos sentimientos y programaciones relacionadas con las palabras "por qué" desde la infancia. Cuando éramos niños y hacíamos algo mal, nuestros padres nos cuestionaban, "¡¿Por qué hiciste eso?!" Esto nos hacía sentir culpables y avergonzados.

Si usamos las palabras "por qué" cuando hacemos preguntas a nuestros prospectos, puede que construyamos resistencia a una conversación abierta. Nuestros prospectos podrían sentirse a la defensiva y querrán justificar su posición.

¿Qué podríamos decir en su lugar?

Las palabras "qué" o "cómo" son muy buenos sustitutos para las palabras "por qué" cuando le hacemos preguntas a nuestros prospectos. Aquí tienes algunos ejemplos de usar las palabras "qué" o "cómo" al reformular nuestras preguntas.

A. "¿Por qué lo estás dudando?"

B. "¿Qué es lo que más te preocupa que ocasiona esas dudas?"

A. "¿Por qué no quieres entrar?"

B. "¿Que sucedería si te unes ahora?"

A. "¿Por qué te sientes inseguro?"

B. "¿Cómo puedo darte la seguridad para que comiences ahora?"

A. "¿Por qué no quieres comenzar ya?"

B. "¿Cómo puedo ayudarte para que comiences ya?"

Este pequeño cambio, evitar las palabras "por qué," podría ser la diferencia entre que nuestro prospecto salga adelante, o rechace nuestra oportunidad.

"Ayúdame a entender..."

"Qué" y "cómo" no son las únicas palabras que podemos reemplazar por las palabras "por qué." Con un poco de imaginación, encontraremos frases y palabras que se sientan más cómodas para nosotros.

Aquí hay otra frase que podríamos usar: "Ayúdame a entender..."

Hagamos algunos ejemplos.

- "Ayúdame a entender tu preocupación sobre salir adelante."

- "Ayúdame a entender las razones para dejar el ingreso extra para después."
- "Ayúdame a entender las partes de nuestro negocio que sientes que serían riesgosas."

Recuerda, los prospectos reaccionan ante las palabras y frases que decimos. Cuando los prospectos le dan un "no" a nuestra oferta, siempre deberíamos preguntarnos, "¿Qué fue lo que dije inmediatamente antes de esa respuesta que ocasionó esta reacción?"

CONCLUSIÓN.

Cerrar es simplemente hacer que nuestros prospectos salgan adelante y tomen acción. Nosotros apoyamos a que nuestros prospectos superen sus miedos al cambio. Ahora pueden mejorar sus vidas con nuestros productos y oportunidad.

Un cierre no encajará en cada situación, ya que nuestros prospectos no son idénticos. Ellos tienen muchos retos diferentes en sus vidas.

De todos los cierres presentados en este libro, elige aquellos que estén de acuerdo con tu estilo y tus necesidades. Disfruta el viaje.

¡Mucho éxito en tus cierres!

AGRADECIMIENTO.

Muchas gracias por adquirir y leer este libro. Esperamos que hayas encontrado algunas buenas ideas que te sirvan.

Antes de irte, ¿estaría bien si te pedimos un pequeño favor? ¿Tomarías sólo un minuto para dejar una frase o dos como reseña online de este libro? Tu reseña puede ayudar a otros a elegir el siguiente libro para leer. Será de gran ayuda para muchos otros lectores.

Viajo por el mundo más de 240 días al año.
Envíame un correo si quisieras que hiciera
un taller "en vivo" en tu área.

→ BigAISeminars.com ←

¡OBSEQUIO GRATIS!

¡Descarga ya tu libro gratuito!

Perfecto para nuevos distribuidores. Perfecto para
distribuidores actuales que quieren aprender más.

→ BigAIBooks.com/freespanish ←

Otros geniales libros de Big AI están disponibles en:

→ BigAIBooks.com/spanish ←

MÁS LIBROS EN ESPAÑOL

BigAlBooks.com/Spanish

Guía de Inicio Rápido para Redes de Mercadeo
Comienza RÁPIDO, ¡Sin Rechazos!

Pre-Cierres para Redes de Mercadeo
Decisiones de "Sí" Antes de la Presentación

Los Cuatro Colores de Las Personalidades para MLM
El Lenguaje Secreto para Redes de Mercadeo

Cómo Construir Tu Negocio de Redes de Mercadeo en 15 Minutos al Día

La Presentación de Un Minuto
Explica Tu Negocio de Redes de Mercadeo Como un Profesional

Ventas al por Menor para Redes de Mercadeo
Cómo Conseguir Nuevos Clientes para Tu Negocio en MLM

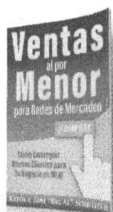

Motivación. Acción. Resultados.
Cómo Los Líderes En Redes De Mercadeo Mueven A Sus Equipos

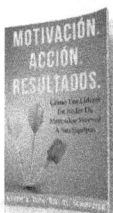

51 Maneras Y Lugares Para Patrocinar Nuevos Distribuidores
Descubre Prospectos Calificados Para Tu Negocio De Redes De Mercadeo

Rompe El Hielo
Cómo Hacer Que Tus Prospectos Rueguen Por un Presentación

¡Cómo Obtener Seguridad, Confianza, Influencia Y Afinidad Al Instante!
13 Maneras De Crear Mentes Abiertas Hablándole A La Mente Subconsciente

Primeras Frases Para Redes De Mercadeo
Cómo Rápidamente Poner A Los Prospectos De Tu Lado

La Magia De Hablar En Público
Éxito Y Confianza En Los Primeros 20 Segundos

MLM de Big Al la Magia de Patrocinar
Cómo Construir un Equipo de Redes de Mercadeo Rápidamente

Cómo Prospectar, Vender Y Construir Tu Negocio De Redes De Mercadeo Con Historias

Cómo Construir LíDERES En Redes De Mercadeo Volumen Uno
Creación Paso A Paso De Profesionales En MLM

Cómo Construir Líderes En Redes De Mercadeo Volumen Dos
Actividades Y Lecciones Para Líderes de MLM

Cómo Hacer Seguimiento Con Tus Prospectos Para Redes De Mercadeo
Convierte un "Ahora no" En un "¡Ahora mismo!"

COMENTARIO DEL TRADUCTOR

Ha sido un placer para mí traducir este libro para los lectores en español. *Cierres para Redes de Mercadeo*, hace más fácil terminar tus presentaciones y obtener decisiones positivas. Me ofrecí para traducir este libro ya que los conceptos aquí mostrados han funcionado tan bien para mí, que deseaba compartirlos con otros.

Todas las ideas y consejos de este libro han sido probados por miles de empresarios de redes de mercadeo alrededor del mundo. Conoce y aplica las mejores técnicas para ayudar a que tus prospectos decidan comprar o asociarse ya.

Así que deja atrás la frustración, el rechazo, el miedo, las dudas y la desesperación. Simplemente usa estos métodos para que tu negocio y el de tu organización se mueva hacia adelante, con menos rechazo y más diversión.

Gracias por soltar viejos patrones de pensamiento y creer que hay una nueva manera de construir tu negocio de redes de mercadeo rápidamente, sólo aprende nuevas habilidades para construir un negocio estable, divertido y redituable de la manera correcta.

Deseo grandes cheques para ti y tus socios.

- Alejandro G.

SOBRE LOS AUTORES

Keith Schreiter tiene más de 20 años de experiencia en redes de mercadeo y multinivel. Keith le muestra a los empresarios de redes de mercadeo cómo usar sistemas simples para construir un negocio estable y en expansión.

¿Necesitas más prospectos? ¿Necesitas que tus prospectos se comprometan en lugar de estancarse? ¿Quieres saber cómo enganchar y mantener activo a tu grupo? Si éste es el tipo de habilidades que te gustaría dominar, te encantará su estilo de cómo hacerlo.

Keith imparte conferencias y entrenamientos en Estados Unidos, Canadá y Europa.

Tom "Big Al" Schreiter tiene más de 40 años de experiencia en redes de mercadeo y multinivel. Es el autor de la serie original de libros de entrenamiento "Big Al" a finales de la década de los 70s, continúa dando conferencias en más de 80 países sobre cómo usar las palabras exactas y frases para lograr que los prospectos abran su mente y digan "SI".

Su pasión es la comercialización de ideas, campañas de comercialización y cómo hablar a la mente subconsciente con métodos prácticos y simplificados. Siempre está en busca de casos de estudio de campañas de comercialización exitosas para sacar valiosas y útiles lecciones.

Como autor de numerosos audios de entrenamiento, Tom es un orador favorito en convenciones de varias compañías y eventos regionales.

www.ingramcontent.com/pod-product-compliance
Lightning Source LLC
Chambersburg PA
CBHW071227210326
41597CB00016B/1969